BLAGUES POURRIES

Hugo Image

Ouvrage dirigé par Candice Roger
Textes : Françoise Ancey
Corrections : Julie Montenot
Couverture : Camille Decoster
Mise en page : Eva Pinchon

34-36, rue La Pérouse
75116 - Paris
www.hugopublishing.fr

ISBN : 9782755677157
Dépôt légal : octobre 2024
Imprimé en Chine

Vous aimez les blagues courtes, efficaces et drolatiques ? Les blagounettes à la papa, les bides hilarants, les jeux de mots absurdes, les devinettes barrées ?
Eh bien cette éphéméride condense tout cela, cet art de la vanne, ce génie de la boutade qui sème la bonne humeur tout au long de l'année... Une blague pourrie par jour, car plus c'est pourri, plus on rit !

Au nouvel an c'est mieux
qu'on se dise **« bonne chance »**
au lieu de « bonne année ».

1er
JANVIER

8 h 48 17 h 00

Jour de l'an

Une tortue se fait voler
son sac à main par deux escargots.
À son rythme, elle va au commissariat porter plainte.
Le commissaire lui demande comment ça s’est passé.

**– Oh, je ne sais plus…
cela s’est passé tellement vite !**

2
JANVIER

8 h 48 17 h 02

St Basile

Un homme se vante :

« Je suis tellement fort que je peux soulever un éléphant avec une seule main. Le plus dur, c'est de trouver un éléphant qui n'a qu'une seule main. »

3
JANVIER

8 h 47 17 h 03

Ste Geneviève

Un esquimau a donné un rancard
à une copine. Celle-ci tardant à venir,
il sort son thermomètre et dit :
– Si à moins dix elle n'est toujours pas là, je me tire !

4
JANVIER
8 h 47 17 h 04
St Odilon

Dans les bureaux de l'état civil, une dame vient déclarer
la naissance de son premier enfant.
– Quel prénom souhaitez-vous donner à votre fils ?
demande l'employée de mairie.
– ZVFOKLUTR, répond la mère, ça me rappellera son père.
– Ah bon ? Son père est originaire des pays de l'Est ?
– Non, non, pas du tout, il est opticien…

5
JANVIER

8 h 47 · 17 h 05

St Édouard

Martine, en rentrant de l'école, est surprise :
– Dis donc, Alphonse,
le perroquet n'est plus sur son perchoir,
tu ne sais pas où il est ?
– Non, mais maintenant que j'y pense…
tout à l'heure, **j'ai entendu le chat parler…**

6
JANVIER

8 h 47 17 h 06

Épiphanie • Ste Mélaine

Le directeur de l'hôpital engueule un patient.

– Mais enfin ! Pourquoi vous êtes-vous enfui du bloc opératoire ?

– C'est parce que l'infirmière a dit :

« Allons, soyez courageux. Ce n'est qu'une appendicite.
C'est tout simple comme opération ! »

– Oui et alors ?! Elle a dit ça pour vous rassurer.

– Ce n'est pas à moi qu'elle parlait, mais au chirurgien.

7
JANVIER
8 h 46 17 h 07
St Raymond

Paul a installé devant son magasin une grande pancarte :

« Ici, 20% de remise ».

Alors Pierre, qui tient un magasin presque à côté, accroche une pancarte un peu plus grande où il a écrit :

« Ici, 30% de remise ».

Et puis arrive Jacques, qui est propriétaire du magasin situé entre les deux autres. Il voit les deux pancartes et il se dit qu'il est impossible de descendre plus bas.

Alors il met une grande banderole au-dessus de sa porte :

« Entrée principale ».

8

JANVIER

8 h 46 07 h 08

St Lucien

Une femme dit à son époux :
– Chérie, notre voisin de gauche, chaque matin,
il embrasse sa femme avant de partir à son travail.
Tu ne crois pas que tu devrais en faire autant ?
Le mari :
**– Mais chérie, je ne connais pas
sa femme, moi !**

9
JANVIER
8 h 45 17 h 10
Ste Alix

Monsieur et Madame Froid ont sept enfants. Comment s'appellent-ils ?

10

JANVIER

8 h 45 17 h 11

St Guillaume

Réponse :

Sylvie, Aude, Anne, Marc, Samson, Paulo, Laura.

(S'il vit au Danemark sans son polo, l'aura froid !)

Un médecin téléphone à un patient.

– J'ai une mauvaise et une très mauvaise nouvelle à vous annoncer.

– Quelle est la mauvaise ? demande le patient.

– Il vous reste 24h à vivre.

– Ah ! Oui effectivement. Et que peut-il y avoir de pire ?

– Ça fait 24h que j'essaie de vous joindre.

11
JANVIER
8 h 44 17 h 12
St Paulin

Un jeune Corse vient de passer l'oral du bac.
Dès qu'il rentre à la maison, son père,
qui l'attend anxieusement, lui demande :

– Alors, ça s'est bien passé ?

– Très bien papa ! Tu peux être fier de ton fils !
Ils m'ont interrogé pendant 2 heures,
je n'ai rien dit !

12
JANVIER
8 h 44 17 h 14
Ste Tatiana

Un retraité attend sa femme partie à l’institut de beauté. Au bout de trois heures, elle revient. Il lui demande :

– C’était fermé ?

13

JANVIER

8 h 43 17 h 15

Ste Yvette

Quelle est la danse préférée des chats ?

14

JANVIER

8 h 42 17 h 17

Ste Nina

Réponse :

Le cha-cha-cha

Dans un congrès,
deux grands professeurs de médecine
qui se détestent cordialement discutent :

– Il semble prouvé, dit l'un, que manger régulièrement du poisson est excellent pour le développement de l'intelligence.

– Moi, j'adore le poisson, répond l'autre. J'en mange une fois par jour depuis au moins quinze ans.

– Ah ! s'écrie son ennemi, alors voilà encore une belle théorie qui s'effondre !

15
JANVIER
8 h 42 17 h 18
St Rémi

Un Parisien, un Marseillais et une jolie Norvégienne voyagent dans le même compartiment.

Soudain un tunnel vient plonger le train dans l'obscurité la plus totale. On entend alors un bruit de baiser, immédiatement suivi d'un bruit de baffe. Quand le tunnel se termine, le Parisien se tient la joue droite, écarlate. Le Parisien se dit : « Le Marseillais a dû embrasser la Norvégienne, elle a cru que c'était moi et elle m'a collé un pain. » La Norvégienne pense : « Le Parisien a dû vouloir m'embrasser mais il a loupé son coup et a embrassé le Marseillais, qui n'a pas apprécié. » Le Marseillais se dit : « Au prochain tunnel, je refais le bruit du bisou et j'en remets une autre à cet enfoiré de Parisien. »

16

JANVIER

8 h 41 — 17 h 19

St Marcel

Un culturiste emmène une fille dans sa chambre et commence à se déshabiller devant elle, en lui faisant son show.
À chaque fois qu'il enlève un vêtement, il montre un de ses muscles en disant :

– Tu vois, ça, c'est de la dynamite !

Ses pectoraux, de la dynamite ; ses biceps, de la dynamite ; ses dorsaux, de la dynamite ; etc.

– Dis donc, demande la fille peu impressionnée par tout ce déballage, ce n'est pas dangereux toute cette dynamite avec une aussi petite mèche ?

17

JANVIER

☀ 8 h 40 ☀ 17 h 21

Ste Roseline

Le bureau d'un agent des impôts est littéralement envahi par les rats. Il fait venir le service de dératisation qui lui laisse un chat. MIRACLE : au bout de quelques jours, plus un seul rat dans le bureau ! Le fonctionnaire, très heureux, demande à l'employé s'il peut adopter l'animal. AFFAIRE CONCLUE ! Mais quelques semaines plus tard, les souris font leur réapparition… L'agent des impôts fait revenir le service de dératisation pour lui demander une explication. Et l'employé répond :

– Oh vous savez !

Le chat, maintenant qu'il est titularisé…

18

JANVIER

8 h 39 17 h 22

Ste Prisca

L'adjudant rassemble ses hommes :
– Je vous rappelle que, dimanche,
nous ferons un grand défilé.
S'il pleut le matin, il aura lieu l'après-midi.
Et s'il pleut l'après-midi, il aura lieu le matin !

19
JANVIER

8 h 38 17 h 24

St Marius

Un Français et un Américain sont en grande conversation sur la signification de leurs drapeaux respectifs.

Pour rigoler, le Français dit :

– Chez nous, le bleu-blanc-rouge, c'est un peu comme les impôts… Quand on en parle, on voit rouge ; quand on reçoit la feuille d'imposition, on devient blanc ; et une fois qu'on a réussi à tout payer, on est tout bleu.

L'Américain reprend :

– C'est pareil chez nous, sauf qu'en plus, nous, on voit des étoiles.

20

JANVIER

8 h 37 17 h 25

St Sébastien

Vieux couple :

Claude se réveille en sursaut, s'étire mollement et dit à sa femme en bâillant :

– Solange, éteins la télévision, on va se coucher.

– Mais, chuuuuuuuut ! On est au cinéma !

21

JANVIER

8 h 36 · 17 h 27

Ste Agnès

Le petit Chaperon rouge se promène dans les bois,
voit le loup derrière un arbre et dit :

– Loup, je t'ai vu !

Ensuite, il le trouve derrière une maison et lui dit :

– Loup, je t'ai vu !

Ensuite, il le retrouve derrière un buisson et lui dit :

– Loup, je t'ai vu !

À la fin, le loup lui répond :

– On ne peut vraiment pas chier tranquillement dans ces bois ? !

Discussion entre deux kangourous :

– Et ton flirt d'hier ?

– Nickel, c'est dans la poche !

23

JANVIER

8 h 34 17 h 30

St Barnard

– Je viens d'avoir une idée !
s'écrie l'un.
– Comme elle doit s'ennuyer !
répond l'autre.

24
JANVIER
8 h 33 17 h 32
St François de Sales

Pourquoi ce lapin est-il bleu ?

25
JANVIER

☀ 8 h 32 ☀ 17 h 33

Conversion de St Paul

Réponse :

Parce qu’on lapin.

– Si vous pouviez avoir une conversation avec une personne morte ou vivante, qui choisiriez-vous ?

– Bah, la personne vivante !

26

JANVIER

8 h 31 17 h 35

Ste Paule, Ste Pauline

Qu'est-ce qui est blanc et puni dans un coin ?

27

JANVIER

8 h 29 – 17 h 37

Ste Angèle

Réponse :

Un vilain frigo.

Dans le bureau de Jean Truideau, premier ministre du Canada.

Jean Truideau crie à sa secrétaire :

– Au secours, au secours !

Sa secrétaire :

– Qu'est-ce qu'il y a M. Truideau ?

– Un martien ! Il y a un martien de l'autre côté de la fenêtre !

Et sa secrétaire de répondre :

– Ben voyons donc M. Truideau !

Premièrement, ce n'est pas un martien, c'est un être humain…

Deuxièmement ce n'est pas une fenêtre, c'est un miroir !

28

JANVIER

8 h 28 17 h 38

St Thomas d'Aquin

Quelle est la différence
entre une poule et un chapon ?

29

JANVIER

8 h 27 17 h 40

St Gildas

Réponse :

Une poule cha pond mais…
un chapon cha pond pas…

Monsieur et Madame Bienrire ont un fils. Comment s'appelle-t-il ?

30

JANVIER

8 h 26 17 h 41

Ste Martine

Réponse :

Humphrey (M'f'rait bien rire)

L'examinateur interroge un candidat au permis de conduire :

– Qu'elle est la première chose qui vous passe par la tête lors d'un accident d'auto ?

– Je sais pas, moi... les vertèbres ?

31
JANVIER
8 h 24 17 h 43
Ste Marcelle

Un Belge, sur la glace.

Il sort sa scie, sa canne à pêche, et commence à découper un trou dans la glace.

À ce moment-là, une voix impérieuse sortie de nulle part annonce :

– IL N'Y A PAS DE POISSON ICI !

Le Belge, stupéfait, s'arrête, regarde autour de lui, ne voit personne, et poursuit.

– IL N'Y A PAS DE POISSON ICI !

De nouveau, le Belge s'arrête, et tend l'oreille…

Inquiet, il reprend pourtant son travail.

– IL N'Y A PAS DE POISSON ICI !

Le Belge, n'y tenant plus, demande :

– Mais qui me parle ?!

– LE DIRECTEUR DE LA PATINOIRE !

– Garçon, garçon, il y a une mouche morte dans ma soupe !

Le serveur s'approche et regarde l'assiette :

– Non, monsieur, elle nage simplement très mal.

2

FÉVRIER

8 h 22 17 h 46

Présentation du Seigneur

Lors de l'inspection des troupes,
les militaires se sont mis à la morphopsychologie.
Un jeune morphopsychologue examine une recrue :

– Nez aquilin, bouche moyenne…

Son collègue le reprend :

– Non, non, né à Marseille, Bouches-du-Rhône.

3

FÉVRIER

8 h 21 17 h 48

St Blaise

Quelle différence y a-t-il entre un juif, un musulman et un chrétien ?

4

FÉVRIER

8 h 19 17 h 49

Ste Véronique

Réponse :

Aucune, mais ils ne le savent pas.

Qu'est-ce que la pelle dit au balai ?

5

FÉVRIER

8 h 08 — 17 h 51

Ste Agathe

Réponse :
Vous me cassez les pieds !

Un homme au volant de sa voiture
monte une route de montagne, sinueuse et escarpée.
Une femme, également au volant, descend sur cette même route.
Lorsqu'ils se croisent, la femme sort la tête par la fenêtre et crie :

– COCHON !

Aussitôt l'homme sort sa tête de la voiture et répond :

– LANGUE DE VIPÈRE !

Chacun continue sa route.
Alors que l'homme passe le virage suivant, il percute un cochon au milieu de la route et la voiture va s'écraser dans le ravin.
Ah ! Si seulement les hommes écoutaient les femmes…

6
FÉVRIER
8 h 16 17 h 53
St Gaston

C’est un général qui dit à ses troupes :
– Demain matin, on envahit la Suisse !
Les soldats se regardent, ébahis.
Le général gueule :
– Pas de question ?
Un soldat lève le doigt et demande :
– Et on fait quoi l’après-midi ?

7
FÉVRIER
8 h 15 07 h 54
Ste Eugénie

En 1968, à Prague,
les soldats soviétiques allaient trois par trois.

Pourquoi ?

Parce que le premier était celui qui savait lire,
le second était celui qui savait écrire
et le troisième surveillait ces deux
dangereux intellectuels.

8
FÉVRIER
8 h 13 17 h 56
Ste Jacqueline

Quel animal peut changer de sexe en moins de 5 secondes ?

9

FÉVRIER

8 h 12 17 h 58

Ste Apolline

Réponse :

Le morpion.

Un milliardaire, patron d'un empire de presse, reçoit un coup de fil de son avocat :

– J'ai une bonne et une mauvaise nouvelle pour vous. Vous voulez la bonne ou la mauvaise d'abord ?

– Dites toujours la bonne…

– Votre femme détient une photo qui vaut bien 5 millions d'euros.

– Waouh super ! Et quelle est la mauvaise ?

– La mauvaise, c'est qu'il s'agit de vous avec votre secrétaire.

10
FÉVRIER
8 h 10 17 h 59
St Arnaud

Qu’est-ce qui peut voler à 2 000 mètres de profondeur ?

11

FÉVRIER

8 h 08 18 h 01

Notre-Dame de Lourdes

Réponse :

Une mouche dans un sous-marin.

Dans une région ravagée par le choléra, un officier du service de santé visite une caserne. Il interroge un sous-officier :

– Quelles précautions observez-vous pour rendre l'eau potable ?

– Eh bien, d'abord nous la faisons bouillir.

– Très bien. Et après ?

– Nous la filtrons.

– Parfait. Et ensuite ?

– Pour ne courir aucun risque, nous buvons de la bière !

12

FÉVRIER

8 h 07 18 h 03

St Félix

Un médecin est réveillé par le téléphone en pleine nuit.

– Venez vite, implore une femme, mon fils vient d'avaler un préservatif !

Le médecin s'habille en hâte mais il n'a pas le temps de partir que le téléphone sonne à nouveau.

– Le problème est réglé, docteur, ne venez plus. Mon mari en a trouvé un autre.

13

FÉVRIER

8 h 05 18 h 04

Ste Béatrice

Que dit le timbre à l'enveloppe le jour de la Saint-Valentin ?

14
FÉVRIER

8 h 03 18 h 06

St Valentin

Réponse :

Je suis collé à toi !

Une infirmière demande à une vieille dame hospitalisée si elle peut récupérer un paquet d'amandes que ses petits-enfants lui ont apporté dans la semaine et qu'elle ne mange pas.

La vieille dame est d'accord et l'infirmière en distribue à tout le monde dans le service. Elle revient ensuite la remercier et lui dit que tout le monde les a vraiment appréciées.

La vieille dame lui répond alors :

– Mais moi aussi, j'en ai profité :

le chocolat qu'il y avait autour des amandes était très bon…

15

FÉVRIER

8 h 01 18 h 08

St Claude

Deux agriculteurs, l'un américain, l'autre breton :

– Quelle est la taille de votre ferme ? demande l'Américain.

– Pour les Français, ma ferme a une taille raisonnable, quatre-vingts hectares. Et la vôtre ?

– Oh, la mienne... Je sors le matin, je prends la Jeep... et à midi je n'ai pas encore traversé la moitié.

– Eh oui... je sais ce que c'est, moi aussi j'ai déjà eu une voiture qui marchait mal.

16

FÉVRIER

8h00 18h09

Ste Julienne

Un berger allemand entre dans le bureau de poste,
prend un formulaire pour les télégrammes et le remplit :
– Woof. woof. woof woof woof. woof. woof woof… woof.
L’employé des postes prend le télégramme en main
et dit au chien :
– Il y a seulement neuf mots…
Vous pouvez envoyer un autre « Woof » pour le même prix.
– Mais dans ce cas-là, ça ne voudrait plus rien dire !

17
FÉVRIER
7 h 58 18 h 11
St Alexis

Une femme entre dans une pharmacie,
achète pour 300 euros de produits amincissants.
Elle demande au pharmacien :
– Vous pensez que je vais perdre combien ?
Le pharmacien répond :
– 300 euros.

18
FÉVRIER
7 h 56 18 h 13
Ste Bernadette

Un avocat vient d'arriver au paradis, mais n'est pas satisfait de sa condition. Il se plaint et se voit rétorquer qu'il lui faut faire appel de sa situation, mais que le délai d'attente est de trois ans avant que son appel soit entendu. Il se plaint encore plus, car c'est très long…
Il est alors sollicité par le diable qui lui affirme être en mesure d'arranger sa procédure dans les trois jours, s'il consent à venir plutôt en enfer.
Enthousiasmé, l'avocat le questionne sur la brièveté du délai ;
le Diable lui explique :
– C'est simple, nous avons tous les juges.

19
FÉVRIER
7 h 57 18 h 14
St Gabin

Un jeune homme entre dans une bibliothèque,
s'approche de l'employé à l'accueil et lui dit :

– Bonjour, monsieur ! Je voudrais un hamburger, une grande frite et un grand coca !

– Mais monsieur, vous êtes dans une bibliothèque, ici.

Alors le jeune homme reprend en parlant tout bas :

– Désolé... Alors je voudrais un hamburger, une grande frite et un grand coca !

20
FÉVRIER

7 h 52 18 h 16

Ste Aimée

Une jeune conductrice vient d'écraser un poulet.
Elle se rend à la ferme la plus proche et dit au fermier :

– Je viens d'écraser un poulet,
je suis désolée, vraiment…

– Bah ce n'est pas grave ma bonne dame,
vous z'avez qu'à l'manger.

– D'accord mais qu'est-ce que je fais de sa moto ?

21
FÉVRIER

7 h 51 18 h 18

St Pierre-Damien

Trois petits moineaux perchés côte à côte sur la branche d'un arbre aperçoivent trois vers de terre. Le premier plonge illico et mange un ver. Le deuxième également, mais pas le troisième.

Pourquoi ?

Parce qu'un ver ça va, mais trois… bonjour les dégâts !

22

FÉVRIER

7 h 49 18 h 19

Ste Isabelle

Trois médecins, un Russe, un Allemand et un Américain discutent.
– Il y a quelques mois, dit l'Allemand, nous avons greffé un foie sur un malade. Trois semaines après, le receveur cherchait déjà du travail !
– Nous avons fait mieux, fait le Russe, nous avons greffé un poumon sur un malade atteint d'un cancer. Deux semaines après, le donneur et le receveur cherchaient tous les deux du boulot !
– Alors là, s'exclame l'Américain, vous me faites rire. Chez nous, on est allés chercher un trou du cul au fin fond du Texas, on l'a mis à la Maison-Blanche, et le lendemain, la moitié du pays cherchait du travail !

Pendant une importante réunion du gouvernement, **un ministre se penche vers un autre ministre et lui glisse à l'oreille :**

– Dites-moi… vous avez combien de fonctionnaires qui travaillent sous vos ordres ?

Et l'autre répond :

– Oh ! Disons un sur dix.

24

FÉVRIER

7 h 45 18 h 22

St Modeste

Deux mouches sont posées
sur une énorme crotte toute fraîche.
L'une d'elles lâche un pet retentissant
qui fait s'indigner l'autre :
– T'es dégoûtante ! Tu pourrais te retenir,
on est à table tout de même...

25
FÉVRIER
7 h 43 18 h 24
St Roméo

Chez le coiffeur, un homme se fait couper les cheveux, puis, le coiffeur ayant terminé, il désigne du doigt un enfant et dit :
– Coupez les cheveux du gamin, je fais quelques courses et je reviens.
Le coiffeur coupe les cheveux de l'enfant qui, une fois la coupe terminée, s'assied et lit une bande dessinée. Au bout d'une heure, l'enfant étant toujours assis à attendre, le coiffeur lui demande :

**– Eh bien mon petit,
quand est-ce que ton père revient te chercher ?**

L'enfant répond alors :
– Ce n'est pas mon père, c'est un monsieur qui s'est adressé à moi dans la rue et qui m'a dit : « Viens avec moi, on va se faire couper les cheveux à l'œil ».

26
FÉVRIER
7 h 41 18 h 26
St Nestor

Deux hommes se déplaçant en ballon sont perdus dans le désert. Ils aperçoivent un individu en train de méditer à l'ombre d'un arbre et atterrissent à ses côtés.

– Où sommes-nous, s'il vous plaît ? lui demandent-ils.

Après un long moment de réflexion, l'homme leur répond :

– Dans un ballon.

– Merci, monsieur le mathématicien.

L'homme demande, étonné :

– Comment avez-vous su que j'étais mathématicien ?

– Pour trois raisons, répondent les aéronautes.

Premièrement, vous avez beaucoup réfléchi avant de nous répondre.

Deuxièmement, votre réponse est très exacte.

Troisièmement, elle ne sert à rien.

27

FÉVRIER

7 h 39 18 h 27

Ste Honorine

Un homme qui commence à perdre ses cheveux décide de consulter un spécialiste.

– Y a-t-il, docteur, une signification au fait de se dégarnir au-dessus du front ?

– Oui… Cela veut dire que l'homme est un penseur !

– Et s'il perd ses cheveux sur le sommet du crâne ?

– Cela signifie qu'il est un amant exceptionnel !

– Ah mais dites-moi docteur, moi je me déplume sur le devant et sur le sommet du crâne !

– Eh bien, cher monsieur, j'en déduis que vous pensez être un amant exceptionnel !

28
FÉVRIER

7 h 37 18 h 29

St Romain

Une mère crie dans un bus :

– Y a-t-il un médecin, SVP ? Un médecin, vite !

Un homme de 30 ans arrive et dit :

– Je suis médecin ! Que se passe-t-il ?

Et la dame répond :

– Voulez-vous que je vous présente ma fille ?

1er
MARS
7 h 34 18 h 31
St Aubin

« J'espère qu'il ne va pas pleuvoir aujourd'hui, dit une maman kangourou à une autre. **Je déteste que les enfants soient obligés de jouer à l'intérieur.** »

2
MARS

7 h 32 · 18 h 32

St Charles le Bon

Deux soldats sont en mission dans la jungle.
Tout à coup, l'un d'eux se fait piquer par un serpent, en plein sur ses parties génitales !
L'autre, ne sachant pas quoi faire, appelle directement le médecin de la base militaire. Il lui répond :
– Tu dois impérativement sucer et cracher le venin…
Le soldat raccroche et regarde le pauvre soldat blessé, qui lui demande :
– Alors, qu'a dit le médecin ? Je vais m'en sortir ?
– Désolé, il m'a dit que tu allais bientôt mourir.

3
MARS
☀ 7 h 30 ☀ 18 h 34
St Guénolé

Un parvenu rentre dans un bar.

– C'est où les chiottes ? Personne ne répond ?
C'est quoi ce bordel ?
Après plusieurs secondes de silence,
le barman se décide à répondre.
– C'est au fond à gauche. Une pancarte annonce
« Gentleman » mais n'y prêtez aucune attention,
poussez la porte quand même.

4
MARS

7 h 28 18 h 35

St Casimir

Quatre ingénieurs, un chimiste, un électronicien, un mécanicien et un informaticien, voyagent en voiture lorsque le moteur se met à déconner, puis à s'arrêter.

Le mécano :

– À mon avis c'est la transmission qui a lâché.

– Non ! Je ne crois pas, dit l'ingénieur chimiste. À mon avis ce problème provient de la batterie.

– Mais non ! dit l'électronicien. C'est l'électronique qui est défaillante !

Enfin, l'informaticien :

– J'ai la solution. On ferme toutes les fenêtres, on sort tous les quatre et après on entre à nouveau.

Ça devrait marcher, faites-moi confiance.

5

MARS

7 h 26 18 h 37

Ste Olive

Deux escargots se promènent sur la plage.
Soudain ils aperçoivent plusieurs limaces.
L'un d'eux s'exclame alors :
– Oups, demi-tour, **nous sommes sur une plage de nudistes !**

6
MARS

7 h 24 18 h 39

Ste Colette

Un policier arrête une voiture à l'entrée de l'autoroute, il fouille la voiture et trouve une valise remplie de billets. Le conducteur a l'air surpris et ravi.

– Alors ça, c'est fantastique ! Je vais pouvoir me payer mon permis de conduire !

La passagère, à côté de lui, dit aussitôt au policier :

– Ne l'écoutez pas ! Il dit n'importe quoi quand il est soûl !

Sur ce, le passager derrière ajoute :

– Je savais qu'on aurait des ennuis avec une voiture volée !

7

MARS

7 h 22 18 h 40

Ste Félicité

Que fait un Parisien quand il gagne la Ligue des Champions ?

8

MARS

7 h 20 — 18 h 42

St Jean de Dieu

Réponse :

Il éteint sa console de jeux.

Un gars rencontre par hasard son voisin d'en face :
– Ah ! Vous tombez bien, monsieur Dugomeau, dites, c'est un peu gênant, mais hier soir, je vous ai vu derrière le rideau de votre chambre, en ombres chinoises, faire l'amour à votre femme… Faites attention.
– Vous avez dû mal voir, **je ne suis rentré de voyage que ce matin…**

9

MARS

☀ 7 h 18 ☀ 18 h 43

Ste Françoise

Un coq rentre au poulailler avec un œuf d'autruche.

Il convoque ses poules :

– Mesdames, je ne voudrais pas vous vexer, mais regardez ce que produit la concurrence !

10

MARS

7 h 16 – 18 h 45

St Vivien

– Notre chef est mort, c'est très triste, évidemment.
Mais qui est l'autre personne décédée ?

– L'autre personne ?

– Ben, oui. Sur le faire-part il était écrit :
« Avec lui disparaît notre meilleur collaborateur. »

11
MARS
7 h 14 18 h 46
Ste Rosine

Dépêche :
En Écosse, un homme a été arrêté pour attentat à la pudeur. Il essuyait la sueur de son front avec son kilt.

12
MARS

7 h 11 · 18 h 48

Ste Justine

Un type rentre chez lui à l'improviste
et trouve sa femme nue dans le lit.
– Tu as un amant ! J'en suis sûr, si je le trouve, je lui casse la gueule !
Il regarde sous le lit :
– Il n'est pas planqué là, mais je le trouverai !
Il va dans la salle de bains.
– Il n'est pas là non plus.
Il ouvre le placard où se trouve un grand homme tout nu hyper baraqué.
– Là non plus, il n'y est pas.

13
MARS

7 h 09 18 h 49

St Rodrigue

Quelle est
la déesse du Wi-Fi ?

14
MARS

7 h 07 18 h 51

Ste Mathilde

Réponse :

La déesse L.

Pourquoi le ciel est-il si haut ?

15
MARS

7 h 05 — 18 h 53

Ste Louise

Réponse :

Pour éviter que les oiseaux
se cognent la tête quand ils volent.

Un Américain, un Français et un Belge sont dans un avion en perdition, mais il n'y a que deux parachutes pour trois. Ils décident de tirer à la courte paille celui qui sera obligé de rester. Le sort désigne l'Américain. Le Belge enfile son parachute et saute pendant que l'Américain se lamente :

– Je ne veux pas mourir, je ne veux pas mourir…

À ce moment-là, le Français dit à l'Américain :

– Arrête de pleurer, le Belge a sauté avec le sac de provisions.

16
MARS
7 h 03 18 h 54
Ste Bénédicte

Comment appelle-t-on les parties génitales d'un dauphin ?

17

MARS

7 h 01 18 h 56

St Patrick

Réponse :

Les boules de flipper.

Les hommes qui prétendent
que leurs femmes sont frigides
sont en général **de mauvaises langues.**

18
MARS

6 h 59 18 h 57

St Cyrille

Les carottes sont-elles bonnes pour la vue ?

19
MARS

6 h 57 18 h 59

St Joseph

Réponse :

Vous avez déjà vu un lapin avec des lunettes ?

Un patient se plaint à son médecin :
— Docteur, ça ne va pas du tout.
Lorsque j'appuie sur mon cœur, ça me fait mal.
Quand je tâte mon foie, la douleur est intense,
et quand je touche mon ventre, ça me fait très mal aussi.
Vous avez une idée de ce que j'ai ?
— Oui, monsieur, vous vous êtes cassé le doigt.

20
MARS
6 h 55 19 h 00
Printemps • St Herbert

Pendant la mi-temps, l'entraîneur se fâche
sur ses joueurs qu'il trouve trop mous face
aux diverses agressions des adversaires.
– Il faudrait savoir ce que vous voulez les gars :
**remporter la Coupe du monde ou postuler
pour le prix Nobel de la paix !**

21
MARS

6 h 53 19 h 02

Ste Clémence

Dimanche 6 heures du matin, l'homme se lève sans faire de bruit pour ne pas réveiller son épouse. Il charge son VTT dans la voiture, et s'en va. Arrivé sur le parcours, il se met à tomber des trombes d'eau. Sa matinée est fichue, il décide de rentrer chez lui. Il se déshabille sans faire de bruit, se recouche doucement tout près de son épouse, et lui chuchote à l'oreille :

– Il pleut comme vache qui pisse.

Et elle répond :

– Quand je pense que l'autre con est en train de pédaler…

22

MARS

6 h 51 19 h 03

Ste Léa

C'est un homme qui va voir son médecin
pour une douleur aux parties génitales.
Après examen, le docteur est stupéfait.

– C'est incroyable ! Vous avez un testicule en bois et l'autre en métal.

– Oui, je sais ! Et c'est grave ?

– Eh bien oui, vous ne pourrez pas avoir d'enfants.

– Foutaises !

Il se retourne vers la salle d'attente et crie :

– Pinocchio, Robocop, venez voir papa.

23
MARS
6h48 19h05
St Victorien

Savez-vous pourquoi les grenouilles ont toujours les fesses dans l'eau ?

24

MARS

6 h 46 19 h 06

Ste Catherine de Suède

Réponse :

Pour avoir la raie nette !

Chez un commissaire-priseur :

on vend un perroquet aux enchères :

– 100 euros !

– 200 !

– 500 !

– 1000 !

Au bout d'un moment, un des types gagne les enchères pour un prix exorbitant. Il s'adresse au commissaire-priseur :

– Dites-moi, j'espère que le perroquet parle, pour ce prix ?

Et le perroquet répond :

– Eh, idiot, qui a fait monter les enchères d'après toi ?

Une femme demande avec sarcasme
à son époux retraité :
– Que penses-tu faire aujourd'hui ?
– Rien.
Elle lui répond alors :
– C'est déjà ce que tu as fait hier !
– Oui, mais je n'ai pas fini.

26
MARS
6 h 42 19 h 09
Ste Larissa

La hiérarchie d'une entreprise,
c'est comme un arbre plein de singes,
tous sur des branches différentes à des niveaux différents.
Certains des singes montent, d'autres descendent.
Les singes d'en haut regardent les singes d'en bas
et voient un arbre avec plein de visages souriants.
Les singes d'en bas regardent en haut et ne voient
rien d'autre que des trous du cul.

27
MARS

6h40 19h11

St Habib

Un taureau veut prendre une photo de famille.
Il positionne la vache, les veaux et s'écrie :
« Attention, on ne bouse plus ! »

28
MARS

6 h 38 19 h 12

St Gontran

Que dit un escargot quand il croise une limace ?

29

MARS

6 h 36 — 19 h 14

Ste Gladys

Réponse :

Oh la belle décapotable !

Une cliente fait des reproches à son boulanger :
– Je suis désolée de vous le dire,
mais votre pain est rassis !
– Un peu de respect, madame, je faisais du pain
avant que vous ne soyez née.
– Justement, ce que je vous reproche,
c'est de le vendre maintenant !

30
MARS

6 h 34 19 h 15

St Amédée

Qu'est-ce qui est bleu
au fond d'un champ ?

31

MARS

6 h 32 19 h 17

St Benjamin

Réponse :

Une vache en survêtement.

Quelle est la différence entre un cendrier et une théière ?

1er
AVRIL

7 h 30 20 h 18

St Hugues

Réponse :

Le cendrier c’est pour des cendres ;
la théière, c’est pour mon thé.

Un type rêve et appelle : « Thérèse ! Thérèse ! »
Au réveil, sa femme lui demande qui est cette Thérèse.
Il explique que c'est un cheval sur lequel il avait parié hier aux courses et qu'il l'encourageait de la voix, pris dans son rêve.
Le soir, sa femme lui dit calmement :
– À propos, **il y a ton cheval qui a téléphoné !**

2

AVRIL

7 h 28 20 h 19

Ste Sandrine

Un éléphant croise un homme sur une plage nudiste.
Après l´avoir détaillé des pieds à la tête, il s´écrie :

– Et c´est avec ÇA que tu veux manger ??!!

3

AVRIL

7 h 26 20 h 21

St Richard

Un journaliste demande à un peintre :

– Pourquoi ne peignez-vous que des paysages ?

– Parce que jamais un arbre n'est venu me dire que son portrait n'était pas ressemblant !

4

AVRIL

7 h 23 20 h 22

St Isidore

Pourquoi les Italiens ne font-ils jamais l'amour dans leur baignoire ?

5

AVRIL

7 h 21 — 20 h 24

Ste Irène

Réponse :

Parce qu'il est bien connu que
l'eau chaude ramollit les spaghettis.

Un couple se rend à une exposition de peinture.

Le mari reste figé devant un tableau représentant une femme nue dont le sexe est caché par une feuille de vigne.

Au bout d'un long moment, sa femme lui demande :

– T'attends l'automne ou quoi ? !

6

AVRIL

7 h 19 20 h 25

St Marcellin

C'est un scientifique qui entre
dans une animalerie et qui demande :
– Je voudrais 12 cafards, 36 araignées, 8 serpents et 2 essaims de tiques.
– Ah, je comprends, c'est pour un projet scientifique !
– Non, je quitte mon appartement et je dois le rendre dans l'état où je l'ai trouvé.

7
AVRIL

7 h 17 20 h 27

St Jean-Baptiste de La Salle

Lui :

– J'irai au bout du monde pour vous.

Elle :

– Mais promettez-vous d'y rester ?

8

AVRIL

7 h 15 20 h 28

Ste Julie

Cinq Français dans une Audi Quattro arrivent à la frontière franco-belge.
Le douanier belge les arrête et leur dit :
– Vous n'avez pas le droit de rouler à 5 dans une Quattro.
Interloqués, les passagers font part de leur incompréhension, sans succès.
– Arrêtez de me prendre pour un idiot :
« quattro » ça veut dire « quatre ». Descendez du véhicule.
Furieux, le conducteur descend de voiture et lance :
– Appelez-moi votre supérieur.
– Il ne peut pas venir…
Il est occupé avec les deux types dans la Uno.

9
AVRIL
7 h 13 20 h 30
St Gauthier

Que dit un rouleau de papier toilette à Luke Skywalker ?

10
AVRIL

7 h 11 20 h 31

St Fulbert

Réponse :

J'essuie ton père.

À la maternité, un nouveau père, inquiet, demande à la sage-femme :

– Trouvez-vous que mon fils me ressemble ?

– Oui… mais ce n'est pas grave… L'essentiel, c'est qu'il soit en bonne santé.

11
AVRIL

7 h 09 20 h 33

St Stanislas

Comment se reproduisent les hérissons ?

12
AVRIL

7 h 07 20 h 34

St Jules

Réponse :

Avec beaucoup de précautions.

En Suisse, dans une maison de retraite,
deux employés parlent d'un petit vieux, ancien horloger.
L'infirmier dit :
– Il est incroyable ce papy ! Il est réglé comme une horloge :
à 7h00 sonnantes il fait pipi et à 7h30 il fait caca ! !
Et ça, tous les jours depuis qu'il est arrivé !
– Le problème, répond l'aide-soignante,
c'est qu'il se réveille toujours à 8h00 !

13
AVRIL
7h05 20h36
Ste Ida

C'est un électricien qui dit à son apprenti :

– Roger, prends un de ces deux fils, s'il te plaît.

– Ça y est, j'en ai un.

– Tu ne sens rien ?

– Non, rien du tout…

– Ok, alors, ça doit être l'autre.

Surtout n'y touche pas, il y a du 2 000 volts dessus !

14

AVRIL

7 h 03 20 h 37

St Maxime

Un enfant assiste à un mariage.
Après la cérémonie, il dit à son copain :

– Tu as vu ?

– Quoi ?

– La mariée a dû changer d'avis dans l'église.

– Mais pourquoi ?

– Parce que je l'ai vue entrer au bras d'un vieux monsieur et elle est ressortie au bras d'un jeune !

15
AVRIL

7 h 01 20 h 39

St Paterne

Un petit garçon regarde son aquarium
et demande à sa maman :

– Ça grossit vite les poissons ?

– Cela dépend des pêcheurs, mon chéri. Tu vois, le thon que ton père a pêché il y a 5 jours, il prend 500 grammes à chaque fois qu'il raconte son exploit.

16
AVRIL

6 h 59 20 h 40

St Benoît-Joseph

À quoi reconnaît-on la Mafia dans un combat de coqs ?

17
AVRIL
6 h 57 20 h 42
St Anicet

Réponse :

Le canard gagne.

Un homme entre dans une librairie et demande le livre :

La supériorité de l'homme par rapport à la femme.

La libraire répond :

– Le rayon science-fiction, c'est au sous-sol !

18

AVRIL

☀ 6 h 56 ☀ 20 h 43

St Parfait

Un Belge entre dans un magasin et demande au commerçant :

– Je voudrais du papier toilette.

Le commerçant demande alors :

– Du rose ou du blanc ?

Le Belge répond :

– Du rose, **c'est moins salissant…**

19

AVRIL

6 h 54 20 h 45

Ste Emma

Un monsieur boit paisiblement un soda lorsqu'il voit arriver sa femme avec une nouvelle robe. Il proteste :

– Enfin, voyons… tu en as déjà acheté trois ce mois-ci !

– C'est le diable qui m'a tentée…

– Tu n'avais qu'à lui dire : « Arrière, Satan ! »

– Mais… c'est ce que j'ai fait !

– Et alors ?

– Alors, il est passé dernière moi et m'a répondu : « De dos, elle te va encore mieux… »

20

AVRIL

6 h 52 20 h 46

Pâques • Ste Odette

Deux puces sortent d'un cinéma
et s'aperçoivent qu'il pleut.
L'une d'elles demande :
« On rentre à pied ou on prend un chien ? »

21
AVRIL

6 h 50 20 h 48

Lundi de Pâques • St Anselme

À la piscine, une dame regarde un homme avec une telle insistance qu'il commence à se sentir gêné et décide de tirer la chose au clair.

– Nous sommes-nous déjà rencontrés ? lui demande-t-il.

– Non, répond l'inconnue, mais vous ressemblez terriblement à mon troisième mari !

– Vous avez été mariée trois fois ?

– Non, deux !

22

AVRIL

6 h 48 20 h 49

St Alexandre

C'est l'histoire de deux
grains de sable
qui vont au bord de la mer :
**– Waouh ! C'est blindé
de monde aujourd'hui !**

23
AVRIL

6 h 46 20 h 51

St Georges

Un Corse débarque à Marseille.
Ses amis lui avaient dit :
– Tu verras, là-bas, l'argent, il suffit de se baisser pour en ramasser.
Justement sur le quai quelqu'un a laissé tomber une liasse de billets de 500€.
Le Corse passe son chemin en disant :
– Je ne vais quand même pas travailler dès mon arrivée !

24
AVRIL
6 h 44 20 h 52
St Fidèle

Deux vieilles copines s'insurgent :

– Tu te rends compte, Monique, cette odieuse voisine, vient de mettre une annonce :

« Femme de 63 ans, prête à apporter chaleur et lumière dans votre foyer ».

– Mais elle n'a jamais eu de réponse, non ?

– Si : un courrier d'EDF !

25

AVRIL

6 h 43 20 h 53

St Marc

Deux chèvres sont à la campagne quand, soudainement, elles trouvent une cassette vidéo. Une des chèvres commence à la manger. Lorsqu'elle termine, l'autre lui demande :

– Alors, c'était bon ?

Et l'autre lui répond :

– Bof, j'ai préféré le livre.

26

AVRIL

6 h 41 20 h 55

Ste Alida

C'est un gars qui rend visite à son pote.
Il le trouve en train de jouer aux échecs avec son chien ! Après avoir retrouvé tous ses esprits, le gars dit :

– Je n'en crois pas mes yeux !

C'est le chien le plus intelligent que j'aie jamais vu !

Et l'autre répond :

– Mouais… Il n'est pas si intelligent que ça : je l'ai battu trois fois sur les cinq parties qu'on a jouées ensemble.

27
AVRIL

☀ 6 h 39 — 20 h 56

Ste Zita

– Moi, confie un monsieur à un consommateur qui prend un verre à côté de lui, dans un bar, je ne crois que la moitié de ce qu'on me dit.

– Vraiment ! Et quelle est votre profession ?

– Psychanalyste.

– Ah ! Eh bien, moi, c'est tout le contraire : je crois toujours le double de ce qu'on me raconte.

– Quelle est donc votre profession ?

– Inspecteur des impôts.

28
AVRIL

6 h 37 20 h 58

Ste Valérie

Qu'est-ce qu'un squelette dans une armoire ?

29

AVRIL

6 h 36 — 20 h 59

Ste Catherine de Sienne

Réponse :

Un Belge qui a joué à cache-cache et qui a gagné !

– Garçon, garçon, ce homard a seulement une pince !
– Eh bien, il l'a sûrement perdue lors d'une bagarre monsieur, répond le serveur.

– Alors, apportez-moi le vainqueur !

30

AVRIL

6 h 34 21 h 01

St Robert

Un journaliste interroge un paysan corse :

– Dites-moi, comment faites-vous pour tracer les routes ici ?

– Ben, on lâche un âne, on regarde par où il passe dans la montagne… et c'est là qu'on fait passer la route.

– Et si vous n'avez pas d'âne ?

– Ah… ben là, bien sûr, on prend un ingénieur.

1er

MAI

6 h 32 · 21 h 02

Fête du travail • St Jérémy

Monsieur et Madame Lefrigaut ont cinq fils. Comment s'appellent-ils ?

2

MAI

6 h 31 21 h 04

St Boris

Réponse :

Steve, Eudes, Hubert, Yann, Adam

(S'tu veux du beurre, y en a dans le frigo)

Quel est le comble pour un dentiste ?

3

MAI

6 h 29 21 h 05

St Philippe

Réponse :

D’avoir une dent contre son patient.

Pourquoi Napoléon n'a-t-il jamais voulu acheter de maison ?

4

MAI

6 h 27 21 h 07

St Sylvain

Réponse :

Parce qu'il avait déjà un Bonaparte.

Que faisaient les dinosaures quand ils n'arrivaient pas à se décider ?

5

MAI

☀ 6 h 26 ☀ 21 h 08

Ste Judith

Réponse :

Des tirageosaures.

J'ai trois têtes, trois jambes,
un bras et six doigts.
Qui suis-je ?

6
MAI

6 h 24 21 h 09

Ste Prudence

Réponse :
Un menteur.

Pour une personne optimiste,
le verre est à moitié plein.
Pour une personne pessimiste,
le verre est à moitié vide.
**Pour un ingénieur,
le verre est tout simplement
deux fois trop grand.**

7
MAI

6 h 23 21 h 11

Ste Gisèle

Au tribunal, l'avocat général :

– Messieurs les jurés, regardez cet homme, il a tué son père et sa mère. Je demande une peine exemplaire.

L'avocat de la défense :

– Messieurs les jurés, je réclame votre indulgence, n'oubliez pas qu'il est orphelin.

8

MAI

6 h 21 21 h 12

Victoire 1945 • St Désiré

Pourquoi met-on une selle sur un cheval ?

9

MAI

6 h 20 21 h 14

St Pacôme

Réponse :

Parce que si on la met dessous, elle tombe.

– Tu connais
la blague du diable ?
– Non…
– Elle est d'enfer !

10
MAI
6 h 18 21 h 15
Ste Solange

Une étudiante est interrogée par son professeur :

– Qu'est-ce qui provoque la transpiration?

– Votre question, monsieur.

11

MAI

6 h 17 21 h 16

Ste Estelle

Qu'est-ce qui est jaune et qui fait « crac crac » ?

12

MAI

6 h 15 21 h 18

St Achille

Réponse :

Un poussin qui mange des chips.

Deux amis se rencontrent dans la rue.
– Tu as l'air inquiet ?
– Bah oui, il y a de quoi :
j'ai travaillé à Limoges et j'ai été limogé.
J'ai travaillé à Vire et j'ai été viré...
– Et tu travailles où maintenant ?
– À Castres...

13
MAI
6 h 14 21 h 19
Ste Rolande

Quel est le super-héros qui donne l'heure le plus vite ?

14

MAI

6 h 13 21 h 20

St Matthias

Réponse :
Speed heure man.

– Bonjour, je n'arrive pas à établir
ma connexion avec votre site Internet.
– Vous avez tapé votre mot de passe correctement ?
– Oui, j'en suis sûr. J'ai vu mon collègue le faire.
– Quel est ce mot de passe ?
– Cinq étoiles !

15
MAI

6 h 11 21 h 22

Ste Denise

Monsieur et Madame Pachaire ont trois fils. Comment s'appellent-ils ?

16

MAI

☀ 6 h 10 ☀ 21 h 23

St Honoré

Réponse :

Yvan, Sam, Otto

(Il vend sa moto pas cher)

Quel est le comble pour un électricien ?

17
MAI

☀ 6 h 09 ☀ 21 h 24

St Pascal

Réponse :
D'avoir des ampoules aux mains.

« Il a un côté sympathique, seulement on le voit toujours de face. »

(Francis Blanche)

18

MAI

6 h 08 21 h 26

St Éric

Un homme aborde une femme dans un bar.
– Du coup, on fait comment
pour le renouvellement des vœux ?
– Mais, qui êtes-vous ?
– Oups, j'ai brûlé des étapes.
Bonsoir, je vous offre un verre ?

19
MAI

6 h 07 21 h 27

St Yves

Pourquoi n'y a-t-il plus de mammouths sur terre ?

20
MAI

6 h 05 21 h 28

St Bernardin

Réponse :

Parce qu'il n'y a plus de pappouths.

Pourquoi Hulk a-t-il un beau jardin ?

21
MAI

☀ 6 h 04 ☀ 21 h 29

St Constantin

Réponse :

Parce qu'il a la main verte.

Deux coccinelles sont
en train de faire leur footing.
L'une d'elles s'arrête soudain :
– Attends, j'ai un point de côté !

22
MAI
6 h 03 21 h 30
St Émile

Qu'est-ce qu'un canif ?

23
MAI

6 h 02 21 h 32

St Didier

Réponse :
Un petit fien.

Qu'est-ce qui est blanc, froid, qui tombe en hiver et qui termine par « ile » ?

24

MAI

☀ 6 h 01 ☀ 21 h 33

St Donatien

Réponse :

De la neige, imbécile !

– J'ai quitté mon job.
Je ne pouvais plus travailler pour
ce mec après ce qu'il m'a dit !
– Il t'a dit quoi ?
– « T'es viré » !

25
MAI

6 h 00 · 21 h 34

Fête des mères • Ste Sophie

Qu'est-ce qui fait nioc-nioc ?

26

MAI

6h00 · 21h35

St Bérenger

Réponse :

Un canard qui parle en verlan.

Dans un restaurant de campagne,
un gros chien, assis au pied d'une table,
regarde fixement un client.
Celui-ci, inquiet, demande :
– Garçon, pourquoi ce chien me fixe-t-il de cette façon?
– Oh, ne vous inquiétez pas.
Il a juste reconnu son assiette, c'est tout.

27
MAI

5 h 59 21 h 36

St Hildebert

Pourquoi faut-il enlever ses lunettes avant un alcootest ?

28
MAI

5 h 58 21 h 37

St Germain

Réponse :

Ça fait déjà deux verres en moins.

Qu'est-ce qui fait toin toin ?

29
MAI
5 h 57 21 h 38
Ascension • St Aymard

Réponse :

Un tanard.

Le docteur à son patient :

– Vous êtes atteint d'une maladie très rare et très contagieuse. Je vais vous mettre en isolement total, avec un régime de pizzas et de crêpes.

– Et vous pensez que ce régime va me guérir de cette maladie ?

– Non, mais ce sont les seuls aliments que l'on puisse glisser sous la porte.

30

MAI

5 h 56 21 h 39

St Ferdinand

Pourquoi les éléphants n'ont pas d'ordinateurs ?

31

MAI

5 h 56 21 h 40

Visitation

Réponse :

Parce qu’ils ont peur des souris.

Comment fait-on
aboyer un chat ?

1er
JUIN

5 h 55 21 h 41

St Justin

Réponse :

On lui donne une soucoupe de lait et il la boit.

Monsieur et Madame Bistruk ont un fils. Comment s'appelle-t-il ?

2

JUIN

5 h 54 21 h 42

Ste Blandine

Réponse :

César (C'est zarre-bi, ce truc !)

Un homme d'affaires dit à l'un de ses amis que sa compagnie recherche un nouveau comptable.

Son ami lui demande :

– Mais vous n'avez pas déjà recruté un comptable il y a quelques semaines ?

L'homme d'affaires répond :

– Si, d'ailleurs, c'est celui-ci que l'on recherche.

3

JUIN

5 h 54 21 h 43

St Kevin

Quel est le comble pour un cheminot ?

4

JUIN

5 h 53 21 h 44

Ste Clotilde

Réponse :
De ne pas avoir un bon train de vie.

« Le barbecue, en gros,
c'est un appareil qui te permet
de manger des saucisses pratiquement crues
mais avec les doigts bien cuits. »

(Coluche)

5

JUIN

5 h 53 — 21 h 45

St Igor

Un avocat arrive chez saint Pierre.

Il est jeune et brillant : il avait encore toute sa carrière devant lui. Arrivé au purgatoire, il hurle sa colère et sa rage d'être appelé à 35 ans ! saint Pierre lui demande de se calmer et lui dit :

– Un instant, je vérifie votre âge sur l'ordinateur central.

Après quelques secondes, saint Pierre lève les yeux de son écran et lui dit :

– Désolé, mais d'après vos feuilles de facturation horaire, vous avez 99 ans !

6
JUIN

5 h 52 21 h 46

St Norbert

Comment appelle-t-on un jeudi vraiment nul ?

7
JUIN
5 h 52 21 h 46
St Gilbert

Réponse :
Une trajeudi.

Un homme attend chez le dentiste les résultats de ses examens dentaires. Le dentiste lui dit :

– Écoutez, j'ai une bonne et une mauvaise nouvelle pour vous.

– Bon ! Commencez par la mauvaise.

– Je dois vous arracher trois dents.

– Merde, c'est quoi la bonne nouvelle alors ?

Le dentiste lui répond alors :

– Toutes les autres dents sont tellement mauvaises qu'elles vont tomber toutes seules, et ça ne vous coûtera rien !

8

JUIN

5 h 52 21 h 47

Pentecôte • St Médard

C'est un panda qui
en avait marre de la vie.
Un jour, il se panda.

9
JUIN

5 h 51 21 h 48

Lundi de Pentecôte
Ste Diane

**Qu'est-ce
qu'un cadeau
qui s'en va ?**

10

JUIN

5 h 51 21 h 48

St Landry

Réponse :

Une surprise party.

Que ressentent les médicaments dans une boîte de pilules ?

11

JUIN

5 h 51 21 h 49

St Barnabé

Réponse :

Ils se sentent comprimés !

Quel est l'animal le mieux connecté ?

12

JUIN

5 h 51 21 h 50

St Guy

Réponse :
Le porc USB.

Un homme demande à Dieu :

– Combien ça fait pour toi, un siècle ?

– Oh! Une seconde.

– Et un milliard ?

– Un centime.

– Peux-tu me donner un milliard ?

– Attends une seconde !

13

JUIN

5 h 51 21 h 50

St Antoine de Padoue

Un jour, Dieu créa la France.

Contemplant son œuvre, il se dit :
« Je me suis surpassé ! Cette douceur, cette mesure,
cette variété, cette richesse n'existent nulle part ailleurs.
C'est trop injuste pour le reste de la terre ! »
Alors, pour rétablir l'équilibre,
Dieu créa les Français…

14
JUIN

5 h 51 21 h 51

St Élisée

Deux copains discutent dans le cinéma pendant le film.
Soudain un homme devant eux se retourne :

– S'il vous plaît, on n'entend rien !

– Non mais oh ! Ça ne vous regarde pas…

15
JUIN
5 h 51 21 h 51
Fête des pères
Ste Germaine

Une maman à sa fille :

- Si tu n'es pas sage, tu iras en enfer
et si tu es sage, tu iras au paradis.

- Et qu'est-ce que je dois faire
pour aller au cirque ?

16

JUIN

5 h 51 21 h 52

St Jean-François Régis

Quel est le comble pour un cuisinier ?

17

JUIN

5 h 51 21 h 52

St Hervé

Réponse :

De ne pas être dans son assiette.

Deux éléphantes se promènent au bord d'un étang :
– Viens, on va se baigner ! dit la première.
– Ben, je peux pas…
– Pourquoi ça ?
– Je suis indisposée en ce moment,
si tu vois ce que je veux dire…
– Ben, t'as qu'à mettre un mouton…

18
JUIN
5 h 51 21 h 52
St Léonce

Pourquoi les poules lèvent-elles une patte en dormant ?

19

JUIN

5 h 51 21 h 53

St Romuald

Réponse :

Parce que si elles levaient les deux pattes,
elles se casseraient la figure.

– Tu connais
la blague du carton ?
– Non…
– Pourtant, elle cartonne !

20
JUIN

5 h 51 21 h 53

St Silvère

Un patient et son médecin discutent :

– J'ai une mauvaise nouvelle
et une très mauvaise nouvelle pour vous...
– Quelle est la mauvaise ?
– Vous souffrez d'un cancer.
– C'est terrible...
Et quelle est la plus mauvaise nouvelle ?
– Vous avez la maladie d'Alzheimer.
– Ouf, au moins je n'ai pas de cancer.

21
JUIN
5 h 51 21 h 53
Été • St Rodolphe

Où l'homme invisible part-il en vacances ?

22

JUIN

☀ 5 h 52 ☀ 21 h 53

St Alban

Réponse :

Chez ses transparents.

Un fils de banquier dit à son père :

– Papa, prête-moi 20 euros,
mais tu ne m'en donnes que 10.
Le père demande :
– Pourquoi, mon garçon ?
– Comme ça tu me devras 10 euros,
je te devrai 10 euros et nous serons quittes !

23
JUIN

5 h 52 21 h 53

Ste Audrey

Que fait une lampe quand elle se fait agresser ?

24
JUIN

5 h 52 · 21 h 53

St Jean-Baptiste

Réponse :
Elle crie à LED !

Un type arrive aux urgences après un accident de voiture.
Quand il se réveille, le chirurgien est à son chevet et lui dit :
– J'ai deux nouvelles à vous annoncer.
Je commence par la mauvaise :
j'ai dû vous amputer des deux jambes.
– Et la bonne?
– J'aime beaucoup vos chaussures,
je vous en offre 100€.

25
JUIN

5 h 53 21 h 53

St Prosper

Qu'est-ce qu'un tennisman adore faire ?

26
JUIN
5 h 53 21 h 53
St Anthelme

Réponse :

Rendre des services.

Chez le docteur :

– Docteur, vous me faites peur...
Vous parlez sérieusement?
– Disons que si j'étais vous,
je ne commencerais pas à regarder
une nouvelle série télé.

27
JUIN
5 h 54 21 h 53
St Fernand

Pourquoi les chalets dans les Alpes sont-ils construits en bois ?

28
JUIN

5 h 54 21 h 53

St Irénée

Réponse :

Parce qu’on a eu besoin des pierres pour construire la montagne.

Qu'est-ce qui est rouge avec une cape ?

29

JUIN

5 h 55 21 h 53

St Pierre, St Paul

Réponse :

Super Tomate.

Deux chasseurs voient passer un deltaplane.
Le premier épaule et tire.
– Bah tu l'as raté !
– Oui, mais il a lâché sa proie.

30
JUIN
5 h 55 21 h 53
St Martial

Après plusieurs mois de drague intense, un gars parvient enfin à sortir avec sa collègue de travail. Il l'emmène dîner, puis elle accepte de monter chez lui et ils passent à la chambre à coucher. L'affaire est réglée en deux minutes… L'homme dit :

– Dès la première fois que je t'ai vue, je n'ai plus eu qu'une seule idée en tête : te faire l'amour comme une bête !

– Ouais… ben t'aurais pu éviter de choisir le lapin !

1er

JUILLET

5 h 56 21 h 53

St Thierry

Si j'avais du jambon,
je te ferais une omelette au jambon,
mais je n'ai pas d'œufs.

2
JUILLET

5 h 56 21 h 52

St Martinien

Quel est le comble
du pâtissier ?

3
JUILLET
5 h 57 21 h 52
St Thomas

Réponse :
D’être au bout du rouleau.

Un vendeur de journaux parcourt les rues en criant :
« Une astucieuse escroquerie : trente-sept victimes ! »
Un passant l'arrête et lui achète un exemplaire. Aussitôt, le porteur de journaux reprend son chemin, en criant :
« Une astucieuse escroquerie : trente-huit victimes ! »

C'est une femme d'un certain âge qui va consulter le médecin. Cinq minutes après être entrée dans le cabinet, elle sort en hurlant et en pleurant devant la salle d'attente. Le patient suivant entre à son tour dans le cabinet et demande au médecin :

– Je viens de voir sortir madame Charmille de votre salle de consultation. Qu'est-ce qui se passe ? Elle semblait vraiment horrifiée.

– Il y a de quoi : je viens de lui apprendre qu'elle était enceinte.

– Quoi ?! Mais elle a 70 ans et elle est déjà 3 fois grand-mère. **C'est impossible !**

– Je sais, mais au moins ça l'a guérie de son hoquet.

5

JUILLET

5 h 59 21 h 51

St Antoine

Deux parents discutent au square.
– Oh, qu'il est moche, ce gamin !
– C'est mon fils…
– Vraiment désolée, je ne savais pas que vous étiez son père !
– Je suis sa mère…

6
JUILLET
6 h 00 21 h 51
Ste Mariette

Une femme trouve un message de son mari sur un post-it en rentrant du travail : « Chérie, je suis parti boire un verre avec des copains. **Si je ne suis pas rentré dans 30 minutes, relis ce message.** »

7

JUILLET

6 h 00 21 h 50

St Raoul

(Lady Astor à Winston Churchill)
« Monsieur, si vous étiez mon mari, je verserais du poison dans votre verre. »

(Winston Churchill à Lady Astor)
« Madame, si vous étiez ma femme, **je le boirais**. »

8
JUILLET
6 h 01 21 h 50
St Thibault

Un homme s'arrête sur une aire d'autoroute pour aller aux toilettes. Il entre dans une cabine, et quelques secondes après, entend de la cabine d'à côté :

– Salut, ça va ?

L'homme, un peu surpris, répond quand même :

– Pas mal...

– Qu'est-ce que tu fais de beau ?

– Bah, je m'en vais dans le Sud pour les vacances...

Soudain l'homme entend son voisin dire :

– Écoute Marc, je vais te rappeler :

il y a un imbécile à côté qui répond à toutes mes questions !

9

JUILLET

6 h 02 21 h 49

Ste Amandine

Deux types complètement bourrés sortent d'un bar en titubant.
– C'est où qu't'as mis la tire ?
– J'sais plus !
– Bon ben tu cherches par là et… moi par là.
Ils partent chacun de leur côté et à chaque voiture en stationnement, ils tâtent le toit.
Un homme qui passe reste interloqué devant ce spectacle.
Il demande à l'un d'eux :
– Excusez-moi mais pourquoi vous touchez comme ça les toits des voitures ?
– Euhh ! J'cherche ma caisse.
– Mais comment pouvez-vous reconnaître votre voiture en touchant le toit ?
– Ben c'est facile. **Elle a un gyrophare bleu. J'peux pas m'tromper !**

10
JUILLET

☀ 6 h 03 ☀ 21 h 48

St Ulrich

Comment s'appelle un amoureux de la béarnaise, la mayonnaise et la béchamel ?

11

JUILLET

☀ 6 h 04 ☀ 21 h 48

Ste Olga, St Benoît

Réponse :
Un sauciopathe.

Le père est aux toilettes, et son fils arrive :
– Qu'est-ce que tu fais, Papa ?
Et le papier toilette répond :
– J'essuie ton père !

12
JUILLET
6 h 05 21 h 47
St Olivier

**Quel est le comble
pour une grenouille ?**

13
JUILLET

6 h 06 21 h 46

St Henri, St Joël

Réponse :

C'est d'être sourde. Quoooooiiiiiii ?

Pourquoi les pigeons roux ne savent-ils pas nager ?

14
JUILLET

6 h 07 21 h 45

Fête nationale • St Camille

Réponse :

Parce que les pigeons roux coulent.

Prise de conscience soudaine :

« Après des années d'enquête, j'ai enfin découvert pourquoi je suis toujours moche sur les photos. C'est à cause de mon visage. »

15

JUILLET

☀ 6 h 08 ☀ 21 h 44

St Donald

Qu'est-ce qui est jaune et qui attend ?

16

JUILLET

6 h 09 21 h 44

Notre-Dame du Mont Carmel

Réponse :
Jonathan.

Monsieur et Madame
Talu ont quatre fils.
Comment s'appellent-ils ?

17
JUILLET
6 h 10 21 h 43
Ste Charlotte

Réponse :

Tous les quatre, Jean

(Les quatre jantes alu)

Deux collègues déjeunent à la cantine.
Au dessert, le premier, après avoir épluché sa poire, en aligne les pépins sur la table. Son copain s'en étonne, alors l'autre lui explique :

– Manger les pépins à part rend plus intelligent.

– Je ne savais pas. Je veux essayer !

– D'accord ! Ça te coûtera 1 euro le pépin, il y en a 8, ça fait donc 8 euros.

L'homme paie et mange les pépins.
Soudain, il lui dit :

– Tout de même, tu me prends pour une truffe ! Pour 8 euros, j'aurais pu m'acheter plusieurs kilos de poires !

– Tu vois, les pépins font déjà de l'effet !

18
JUILLET

6 h 11 21 h 42

St Frédéric

Deux copines discutent :

– J’ai croisé mon ex en sortant de la salle de sport...

– Ah... Et alors ?

– J’aurais préféré le croiser en sortant de chez le coiffeur...

19

JUILLET

6 h 12 21 h 41

St Arsène

– Dis-moi, que fait ton père dans la vie ?
– Il est magicien.
– Ah bon ? Quel est son tour favori ?
– Il scie les personnes en deux.
– Waouh ! As-tu des frères ou des sœurs ?
– Oui, j'ai 2 demi-frères.

20
JUILLET
6 h 14 21 h 40
Ste Marina

La maîtresse :

– Toto, récite-moi le verbe marcher au présent.

– Je... marche... Euh... Tu...

Tu... marches... Euh...

– Allez, plus vite Toto !

– Euh... Il court, euh... Nous courons, Vous courez...

21

JUILLET

6 h 15 21 h 39

St Daniel, St Victor

Un pharmacien, en arrivant au travail, voit un homme debout
l'air crispé qui se tient d'une main sur le mur extérieur près de la porte.
Le pharmacien demande à son employé :
– Que se passe-t-il avec l'homme dehors ?
Il lui répond :
– À l'ouverture ce matin, cet homme est venu acheter du sirop pour la toux, mais je n'en ai pas trouvé ! Alors je lui ai vendu une bouteille de laxatif et le gars l'a bu sur place.
Le pharmacien, choqué, hurle :
– Mais tu ne peux pas soigner une toux avec du laxatif !
L'employé lui répond alors :
– Bien sûr que si… **regardez, maintenant, il n'ose plus tousser !**

22
JUILLET
6 h 16 21 h 37
Ste Marie-Madeleine

Le patron à son employé :

– Est-ce que vous croyez à la vie après la mort ?

– Heu, oui patron…

– Ah alors tout va bien. Parce qu'hier, après que vous avez quitté le travail plus tôt pour aller à l'enterrement de votre grand-mère, **elle est passée pour vous dire bonjour.**

23

JUILLET

6 h 17 21 h 36

Ste Brigitte

Dans le train, le contrôleur dit à une vieille dame :

– Votre billet est pour Bordeaux. Or ce train va à Nantes.

– Ça c'est ennuyeux, rumine la voyageuse.

Et ça arrive souvent au chauffeur

de se tromper comme ça ?

24

JUILLET

6 h 18 21 h 35

Ste Christine, Ste Ségolène

Un Français, un Belge et un Américain sont devant une piscine magique.
L'Américain court et saute en hurlant :
– De L'OR ! ! ! Et il retombe sur une montagne d'or.
Le Français prend de l'élan, saute et crie :
– Du VIN ! ! ! Il atterrit et se trouve entouré par des bouteilles de grands crus.
Très enthousiaste, le Belge court à son tour, dérape sur une dalle et s'écrie :
– Ahhhh MERDE !!!

25
JUILLET
6 h 20 21 h 34
St Jacques

Un petit garçon regarde les albums photos de la famille et demande à sa mère :

– Qui est ce monsieur à côté de toi sur la plage, celui qui a les cheveux bouclés et qui est tout musclé ?

– Lui ? répond la maman, mais c'est ton papa !

Le petit garçon réplique, perplexe :

– Mais alors, c'est qui le monsieur chauve et gros qui vit avec nous maintenant ?

26

JUILLET

6 h 21 21 h 33

Ste Anne, St Joachim

Que se disent deux chats quand ils sont amoureux ?

27
JUILLET

6 h 22 — 21 h 31

Ste Nathalie

Réponse :

Nous sommes félins pour l'autre !

– Qu’est-ce que tu voudrais comme cadeau
pour tes 7 ans, mon chéri ?

– Un smartphone.

– Oh mais tu es trop petit pour ça !

– J’en aurai un quand j’aurai 18 ans ?

– Sans doute. Mais pour tes 7 ans,
alors, que voudrais-tu ?

– Avoir 18 ans.

– Tu as déjà entendu
une tomate chanter ?

**– Non, mais j'ai déjà entendu
une carotte rapper.**

29
JUILLET

6 h 25 21 h 29

Ste Marthe

Pour le 25e anniversaire de leur mariage,
Maurice offre à sa femme une concession au cimetière.
Pour qu'elle repose en paix.
Arrive le 26e anniversaire, Maurice n'offre rien.
Sa femme s'étonne :

– Tu ne m'offres pas de cadeau cette année ?

– Bah non, tu n'as pas encore utilisé celui de l'année dernière !

30
JUILLET

☀ 6 h 26 ☀ 21 h 27

Ste Juliette

– Chef, chef ! Il y a eu un vol cette nuit au supermarché ! On a volé 2 000 cartouches de cigarettes et 1 500 laitues !

– Bien, et vous avez une piste ?

– Oui, on recherche un lapin qui tousse !

31

JUILLET

6 h 27 21 h 26

St Ignace de Loyola

Un homme passe au tribunal pour vol de manteaux.
Au premier rang dans le public, une vieille femme
ne cesse de geindre et de pleurer.
L'avocat général finit sa plaidoirie :
– Vous n'avez pas honte ! Regardez dans quel état
est votre mère : vous auriez pu penser à elle !
– Je l'ai fait ! Mais il n'y avait pas sa taille.

1er
AOÛT

6 h 27 21 h 25

St Alphonse

Deux mamans discutent :

« À la kermesse de l'école de ma fille, non seulement j'ai dû payer pour avoir une part du gâteau que j'ai apporté, mais, en plus, il n'était pas bon ! »

2

AOÛT

☀ 6 h 29 ☀ 21 h 23

St Julien

Monsieur et Madame Fly ont trois fils. Comment s'appellent-ils ?

3
AOÛT
6 h 30 21 h 22
Ste Lydie

Réponse :

Abel, Yves, Hakan

(I believe I can fly)

Deux enfants discutent :

– Tu as reçu ton carnet de notes, toi ?

– Oui, il est comme un oignon.

– Comme un oignon ?

– Oui. Tu l'ouvres et tu pleures.

4

AOÛT

6 h 31 21 h 20

St Jean-Marie Vianney

Quel est le comble de la politesse ?

5

AOÛT

6 h 33 21 h 19

St Abel

Réponse :

De s'asseoir sur son derrière
et de lui demander pardon.

« Mozart était tellement précoce qu'à 35 ans, il était déjà mort. »

(Pierre Desproges)

6

AOÛT

6 h 34 21 h 17

St Octavien

Un chef de service coince un de ses employés :

– Ça fait quatre jours que tu arrives en retard au travail. Que dois-je en conclure ?

– Ben, qu'on est jeudi !

7

AOÛT

6 h 35 21 h 15

St Gaétan

– Et tu le vis comment, ton célibat ?

– Tout seul.

8

AOÛT

6 h 37 21 h 14

St Dominique

Un inspecteur sanitaire contrôle une ferme en Normandie et demande au paysan :

– Et cette vache, là, elle est tatouée ?

Et le paysan, piqué au vif :

– Bien sûr elle est à moué !

9

AOÛT

6 h 38 21 h 12

St Amour

Que dit un agneau quand il est perdu ?

10
AOÛT
6 h 40 21 h 10
St Laurent

Réponse :

Méchoui où ?

L'ouvreuse du cinéma met en garde le couple venu
à la séance avec son bébé :
– Si l'enfant pleure, vous devrez quitter la salle.
Bien sûr, on vous remboursera.
Une demi-heure après le début du film,
le mari se penche vers sa femme :
– Qu'en penses-tu ?
– Ce film est archinul !
– T'as raison. Réveillons le petit.

11
AOÛT
6 h 41 21 h 09
Ste Claire

Quel est le pays le plus cool du monde ?

12

AOÛT

6 h 42 21 h 07

Ste Clarisse

Réponse :

Le Yéééémen.

Un père et son fils sont sur la plage.
– Oh papa, regarde le beau bateau.
– Ce n'est pas un bateau, c'est un yacht.
– Ah oui ? Comment ça s'écrit?
– Euh... Attends ... Non,
tu as raison, c'est un bateau.

13
AOÛT
6 h 44 21 h 05
St Hippolyte

Qu'est-ce qu'un bossu dépourvu de jambes et de bras ?

14

AOÛT

6 h 45 21 h 03

St Évrard

Réponse :
Une madeleine.

Quel est le comble pour un astrologue ?

15
AOÛT

6 h 46 21 h 02

Assomption • Ste Marie

Réponse :

D'être mal luné.

« L'artichaut, c'est le seul aliment que, quand tu as fini de manger, tu en as plus dans l'assiette que quand tu as commencé. »

(Coluche)

16

AOÛT

6 h 48 21 h 00

St Armel, St Roch

Monsieur et Madame Pervitemonslip ont un fils. Comment s'appelle-t-il ?

17

AOÛT

6 h 49 20 h 58

Ste Jeanne

Réponse :

Jean-Philippe

(J’enfile hyper vite mon slip)

Un homme entre dans un bar et demande :

– Bonjour ! Servez-moi
un chilibendesmarkerdonbroufzenburk à la menthe !
Le barman répond :
– Un chilibendesmarkerdonbroufzenburk à quoi ?

18
AOÛT

6 h 51 20 h 56

Ste Hélène

Le docteur :

– Dites NON à l'alcool !

Le patient :

– Euh, docteur, si je parle à l'alcool, c'est sûrement déjà trop tard, non ?

19

AOÛT

6 h 52 20 h 54

St Jean Eudes

Une jeune femme demande à une autre :
– Alors, toujours amoureuse de ton parachutiste ?
– Non, je l'ai laissé tomber.

20
AOÛT
6 h 53 20 h 52
St Bernard

Je commence par un « e »,
je finis aussi par un « e »,
et je ne contiens qu'une seule lettre.
Qui suis-je ?

21
AOÛT

6 h 55 20 h 51

St Christophe

Réponse :

Une enveloppe.

Une souris demande à un éléphant qui prend son bain :

– Dis, tu veux bien sortir de l'eau ?

L'éléphant obéit.

Alors la petite souris dit :

– Ça va, je voulais juste vérifier. J'ai cru que c'était toi qui avais pris mon maillot.

22

AOÛT

6 h 56 20 h 49

St Fabrice

Trois enfants discutent assis au pied d'un arbre :

Le 1er dit :

– L'animal le plus méchant, à mon avis, c'est le crocodile !

Le 2nd répond :

– Ah non, non, le plus méchant, c'est le lion !

Le 3e dit :

– Pas du tout, le plus méchant c'est le crocolion, il a la tête du crocodile d'un côté et la tête du lion de l'autre côté.

Les 2 autres l'interrogent :

– Mais comment il fait pour faire caca ?

– Il peut pas, c'est pour ça qu'il est très méchant !

Qu'est-ce qui fait 999 fois « Tic » et 1 fois « Toc » ?

24
AOÛT
6 h 59 20 h 45
St Barthélemy

Réponse :

Un mille-pattes avec une jambe de bois.

Thomas part en colonie de vacances.
Sa maman lui dit :

– Tu penseras très fort à moi ?

– D'acc ! Et au cas où j'oublierais,
j'y pense maintenant.

25
AOÛT

7 h 01 20 h 43

St Louis

Un homme commande un taxi pour l'aéroport.

L'homme patiente une demi-heure. Rien.
Il rappelle la compagnie de taxis. On lui répond que le taxi est sur la route…
Mais 15 minutes plus tard, toujours rien. L'homme appelle la compagnie de taxis pour la troisième fois en hurlant :

– J'ai besoin d'un taxi de toute urgence, mon vol décolle dans 30 minutes !

La standardiste lui répond :

– Ne vous en faites pas, vous ne manquerez pas votre avion parce que ce vol décolle toujours avec du retard !

– Oui, c'est sûr qu'il décollera en retard aujourd'hui, parce que c'est moi le pilote !

26
AOÛT
7 h 02 20 h 41
Ste Natacha

Que fait un geek quand il a peur ?

27
AOÛT
7 h 03 20 h 39
Ste Monique

Réponse :

Il URL.

– Tu veux que je te raconte une blague à l'envers ?

– Vas-y.

– Alors, commence par rire.

28
AOÛT

7 h 05 20 h 37

St Augustin

Qu'est-ce qu'un petit pois
avec une épée
face à une carotte avec une épée ?

29
AOÛT

7 h 06 20 h 35

Ste Sabine

Réponse :
Un bon duel.

C'est un bouledogue qui est en train de jouer dans l'herbe au bas d'un immeuble. Il dit au caniche qui est sur un balcon au premier étage :

– Allez viens jouer, on va bien s'amuser.

– Je ne peux pas, je suis enfermé, répond le caniche.

– Ben tu n'as qu'à sauter par le balcon.

– Certainement pas, si c'est pour avoir la même gueule que toi…

30
AOÛT

7 h 08 20 h 33

St Fiacre

Quel est le comble pour un teinturier ?

31

AOÛT

7 h 09 20 h 31

St Aristide

Réponse :
De se tuer à la tâche.

Que dit une imprimante plongée dans l'eau ?

1er
SEPTEMBRE
7 h 12 20 h 28
St Gilles

Réponse :

J'ai papier !

David Bowie et Lady Di
ont deux fils.
Comment s'appellent-ils ?

2
SEPTEMBRE

7 h 13 20 h 26

Ste Ingrid

Réponse :

(Bowie) Ken et Alain (Di)

(Bon week-end et à lundi !)

Quel est le comble pour un fleuriste ?

3

SEPTEMBRE

7 h 14 — 20 h 24

St Grégoire

Réponse :

De se faire envoyer sur les roses.

« J'ai passé un accord avec les mouches. Elles ne s'occupent pas de faire des affaires. Moi, je ne marche pas au plafond. »

(Groucho Marx)

4

SEPTEMBRE

7 h 16 20 h 22

Ste Rosalie

Comment s'appelle la femelle du hamster ?

5

SEPTEMBRE

7 h 17 20 h 20

Ste Raïssa

Réponse :

L'amsterdam.

– Toxique, spécialisé dans la production d'additifs pour lubrifiants. Aucune info après l'explosion…

– Tu parles de l'usine chimique Lubrizol qui a brûlé ?

– Non, de mon ex.

6

SEPTEMBRE

7 h 19 20 h 18

St Bertrand

Quel est le comble pour un agneau ?

7

SEPTEMBRE

7 h 20 20 h 16

Ste Reine

Réponse :
Avoir une faim de loup.

Un client entre chez un marchand de tableaux.
– Je voudrais quelque chose pour ma salle à manger. Il faudrait que ce soit de bon goût, pas trop cher, et, de préférence, à l'huile.
– En somme, une boîte de sardines ?

8
SEPTEMBRE
7 h 21 20 h 14
St Adrien

Que fait un hibou après une piqûre de guêpe ?

9

SEPTEMBRE

☀ 7 h 23 ☀ 20 h 12

St Alain

Réponse :

Hiboursoufle.

Deux amis font un safari.
Un matin, en se levant, l'un des deux s'aperçoit que l'autre n'est plus dans la tente. Il sort et le voit en train de courir autour d'un arbre, poursuivi par un lion. Il s'inquiète pour lui. L'autre lui répond alors :
« Rassure-toi, j'ai deux tours d'avance. »

10
SEPTEMBRE
7 h 24 20 h 10
Ste Inès

– Pourquoi bouges-tu toujours ton pied ?

– C'est pour empêcher les loups de s'approcher.

– Mais il n'y a pas de loups ici !

– Tu vois, mon truc marche.

11

SEPTEMBRE

7 h 26 20 h 07

St Adelphe

Quel est le futur de « je bâille » ?

12
SEPTEMBRE

☀ 7 h 27 ☀ 20 h 05

St Apollinaire

Réponse :

Je dors.

Quel est le comble du charcutier ?

13

SEPTEMBRE

7 h 29 20 h 03

St Aimé

Réponse :

C’est d’avoir un caractère de cochon.

Un touriste visite un château en Écosse:

– On m'a dit que votre château est hanté ?

– C'est faux. Je n'ai jamais vu aucun fantôme et pourtant je vis ici depuis 300 ans.

14

SEPTEMBRE

7 h 30 20 h 01

Croix glorieuse

Quel est le comble pour l'araignée ?

15

SEPTEMBRE

7 h 31 19 h 59

St Roland

Réponse :
D’exposer ses toiles dans un musée.

Monsieur et madame Ole ont cinq filles. Comment s'appellent-elles ?

16

SEPTEMBRE

7 h 33 19 h 57

Ste Édith

Réponse :

Jenny, Lydia, Beth, Nicole, Ester.
(J'ai ni le diabète ni cholestérol)

Que fait une salade
avec un revolver ?

17
SEPTEMBRE

7 h 34 19 h 55

St Renaud

Réponse :

Elle laitue.

« Si tu travailles avec un marteau-piqueur pendant un tremblement de terre, désynchronise-toi, sinon tu travailles pour rien. »

(Jean-Claude Van Damme)

18

SEPTEMBRE

7 h 36 19 h 53

Ste Nadège

Que donnent un cochon et un mouton qui s'accouplent ?

19

SEPTEMBRE

7 h 37 19 h 50

Ste Émilie

Réponse :
De la porcelaine.

Deux philosophes sont en train de discuter.
L'un des deux confie à l'autre :
– Je ne comprends pas les gens.
On leur dit qu'on peut faire le tour du monde en une demi-heure ou qu'un garçon est né au Pakistan avec un corps de serpent et personne ne le mettra en doute. Mais on accroche sur un banc une pancarte « Peinture fraîche », et tout le monde le touchera pour vérifier si c'est vrai.

20
SEPTEMBRE

7 h 38 19 h 48

St Jean-Charles

Quelle est la capitale de l'île de Tamalou ?

21
SEPTEMBRE

7 h 40 – 19 h 46

St Matthieu

Réponse :

Gébobola.

Qu'est-ce que
cela fait quand vous
lancez une gousse d'ail
contre un mur ?

22
SEPTEMBRE

7 h 41 19 h 44

Automne • St Maurice

Réponse :
Le retour du jet d'ail.

Un gendarme fait stopper un automobiliste :

– Vous n'avez pas vu le feu rouge ?

– Si, si. C'est vous que je n'avais pas vu !

23

SEPTEMBRE

☀ 7 h 43 ☀ 19 h 42

St Constant

Que dit une mère à son fils geek quand le dîner est servi ?

24
SEPTEMBRE

7 h 44 – 19 h 40

St Anatole

Réponse :

Alt Tab !

Un jeune papa discute avec son collègue :

- Mon fils marche depuis quatre mois.
- Oh la la, il doit être loin maintenant.

25
SEPTEMBRE

7 h 46 19 h 38

St Hermann

Après avoir échoué à ses épreuves du bac, un étudiant envoie un télégramme à sa mère :

« J'ai raté – STOP – Prépare papa – STOP »

Plus tard, il reçoit la réponse :

« Papa préparé – STOP – Prépare toi – STOP »

26

SEPTEMBRE

7 h 47 19 h 35

St Côme, St Damien

Que dit Dracula en quittant sa victime ?

27
SEPTEMBRE

7 h 48 — 19 h 33

St Vincent de Paul

Réponse :

Merci beau cou !

Quel est l'animal
qui mange avec sa queue ?

28
SEPTEMBRE

7 h 50 19 h 31

St Venceslas

Réponse :

Tous. Aucun n’enlève sa queue pour manger.

Le Président est furieux d'être traité d'incapable par la presse quoi qu'il fasse. Alors, pour leur prouver qu'il est extraordinaire, il convoque les journalistes devant un large fleuve. Et il le traverse à pied en marchant sur l'eau !
Le lendemain, les journaux titrent en Une :
« Le Président ne sait pas nager ! »

29
SEPTEMBRE
7 h 51 19 h 29
St Michel, St Gabriel

À l'hôpital,
un patient demande au chirurgien :
– Combien va me coûter cette opération ?
– Ne vous inquiétez pas,
vos héritiers paieront…

30
SEPTEMBRE
7 h 53 19 h 27
St Jérôme

Quel est le comble pour un canard ?

1er
OCTOBRE

7 h 54 19 h 25

Ste Thérèse de l'Enfant Jésus

Réponse :

D’en avoir marre.

Que font les petites chèvres
quand elles s'ennuient ?
Elles bouquinent.

2
OCTOBRE

7 h 56 19 h 23

St Léger

Monsieur et madame Dissoir ont deux fils. Comment s'appellent-ils ?

3

OCTOBRE

7 h 57 19 h 21

St Gérard

Réponse :

Alain et Amar

(À lundi soir et à mardi soir)

Un tailleur vient d'acheter une boutique dans la rue principale de la ville.
Il décide d'aller voir la concurrence et remonte la rue.
Sur la première enseigne qu'il voit il y a écrit :
« Le meilleur tailleur de la ville »
Sur la deuxième enseigne il y a écrit :
« Le meilleur tailleur de la région »
Sur la troisième :
« Le meilleur tailleur du pays »
Sur la quatrième :
« Le meilleur tailleur du monde »
Perplexe, il rentre à sa boutique. Enfin, il sort accrocher son enseigne.
Dessus il a écrit :
« Le meilleur tailleur de la rue »

4
OCTOBRE
7 h 59 19 h 19
St François d'Assise

Qu'est-ce qui est pire que le vent ?

5
OCTOBRE

8 h 00 · 19 h 17

Ste Fleur

Réponse :
Un vampire.

Lors d'un jeu télévisé, les trois concurrents se trouvent être un ingénieur, un physicien et un mathématicien.

Ils doivent construire une clôture tout autour d'un troupeau de moutons en utilisant aussi peu de matériel que possible.

L'ingénieur fait se regrouper le troupeau dans un cercle, puis décide de construire une barrière tout autour. Le physicien construit une clôture d'un diamètre infini et tente de relier les bouts de la clôture entre eux jusqu'au moment où tout le troupeau peut tenir dans le cercle.

Voyant ça, le mathématicien construit une clôture autour de lui-même et se définit comme étant à l'extérieur.

6

OCTOBRE

8 h 02 19 h 15

St Bruno

**Quelle différence
y a-t-il entre la lettre « A »
et un clocher ?**

7
OCTOBRE

8 h 03 19 h 12

St Serge

Réponse :

La lettre « A » est une voyelle,
et le clocher, c'est là qu'on sonne.

Ivre, il sort d'une boîte de nuit, soutenu par son copain. Il ouvre la portière de sa voiture, s'affale sur le siège et se met à hurler :

– Ah, les racailles ! Ils m'ont tout volé !

L'autoradio, l'allume-cigare, le tableau de bord, le volant. Ah, ils ont même pris le levier de vitesse !

– Calme-toi ! Tu t'es assis à l'arrière !

8

OCTOBRE

8 h 05 19 h 10

Ste Pélagie

– Je me suis lavé, j'ai pris une duche.
– Une duche ? Tu veux dire une douche !
– Non, une duche. **Il n'y avait pas d'o.**

9
OCTOBRE
8 h 06 19 h 08
St Denis

Chez le libraire :

– Je voudrais un livre.

– Quel auteur ?

– Euh… 20 cm…

– Vincent qui ?

10

OCTOBRE

☀ 8 h 08 ☀ 19 h 06

St Hugo

Clémentine fait de la luge avec son frère.
Leur mère intervient :

– Dis-moi mon lapin, tu penseras à prêter la luge à ton frère, hein ?

– Oui maman, t'inquiète.
Moi, je l'ai pour descendre et lui, il l'a pour monter.

11
OCTOBRE

8 h 09 19 h 04

St Firmin

Quelle est la différence entre tomber du 1er ou du 10e étage ?

12

OCTOBRE

8 h 11 — 19 h 02

St Wilfried

Réponse :

Tomber du 1er : PAF ! Ahhhhh !

Tomber du 10e : Ahhhhh ! PAF !

Qu'est-ce qu'un hamster dans l'espace ?

13

OCTOBRE

8 h 12 19 h 00

St Géraud

Réponse :

Un hamsteroïde.

Un nouveau psychiatre à l'hôpital est invité par ses collègues au restaurant. Comme il a l'air déprimé, les autres lui demandent ce qui le préoccupe. Il leur répond :

– Franchement les gars, je ne sais pas comment vous y arrivez. Moi je débute et j'ai beaucoup moins de patients que vous, et pourtant vous êtes tout fringants alors que je suis à bout. Comment faites-vous pour ne pas avoir le moral à zéro à force de les écouter ?

Et les autres lui répondent :

– Ah ben ça évidemment, si tu les écoutes...

14
OCTOBRE
8 h 14 18 h 58
St Céleste

Quel est le comble pour un marin ?

15
OCTOBRE

8 h 15 18 h 56

Ste Thérèse d'Avila

Réponse :

D'avoir le nez qui coule.

Monsieur et Madame Sekkoush ont deux filles. Comment s'appellent-elles ?

16

OCTOBRE

8 h 17 18 h 54

Ste Edwige

Réponse :

Ella, Sally

(Elle a sali ses couches)

« Bien sûr, des fois, j'ai pensé mettre fin à mes jours, mais je ne savais jamais par lequel commencer. »

(Jacques Prévert)

17

OCTOBRE

8 h 18 18 h 52

St Baudouin

– Connais-tu la blague
du chauffeur d'autobus ?
– Non ?
– Moi non plus,
j'étais à l'arrière.

18
OCTOBRE
8 h 20 18 h 51
St Luc

C'est l'histoire de Why.

Why est bûcheron,
car depuis tout petit,
Why aime scier *(YMCA)*.

19
OCTOBRE

8 h 21 · 18 h 49

St René

Comment appelle-t-on un chien qui n'a pas de pattes ?

20

OCTOBRE

8 h 23 — 18 h 47

Ste Adeline

Réponse :

On ne l'appelle pas, on va le chercher...

La maîtresse demande à un élève :

– Tu peux me citer les continents ?

– L'Europe, l'Afrique, l'Asie, Papy.

– Pourquoi Papy ?

– Maman dit toujours que Papy est incontinent.

21

OCTOBRE

☀ 8 h 25 ☀ 18 h 45

Ste Céline

Que fait une vache quand elle a les yeux fermés ?

22
OCTOBRE

8 h 26 18 h 43

Ste Élodie

Réponse :

Elle fabrique du lait concentré.

Deux manteaux discutent :

– Moi c'est Bill, et toi ?

– Ça alors, Bill aussi !

– Oh ! Nous sommes des Bill manteaux !

23

OCTOBRE

8 h 28 18 h 41

St Jean de Capistran

Un barman demande à un client :

– Qu'est-ce que je vous sers ?

– La main, pour commencer.

24

OCTOBRE

8 h 29 18 h 39

St Florentin

Deux coiffeuses discutent :

– Alors ça s'arrange tes problèmes de couple ?

– Penses-tu… Pour émoustiller mon mari, j'avais mis un masque noir et une guêpière. Quand il est rentré du boulot, il m'a dit : « Hola Zorro ! En garde ! »

25

OCTOBRE

8 h 31 18 h 38

St Crépin

1/2 + 1/4 + 1/8 + … Ça vaut ?
Le mathématicien : « 1 »
Le physicien : « 0,999999999 »
Le statisticien : **« Vous voudriez que ça fasse combien ? »**

26
OCTOBRE
8 h 32 18 h 36
St Dimitri

Tu connais schling-schling la girafe ?
C’est une girafe qui passe trop près
d’un hélicoptère.

Et *schling-schling* la girafe...

27
OCTOBRE

8 h 34 18 h 34

Ste Émeline

L'institutrice demande à un élève :

– Tu as écrit : « Il alla dans le shampooing. »
Ça n'a aucun sens !
– Mais c'est vous qui l'avez dit.
– Non, j'ai dicté : « Il alla dans le champ. Point. »

28
OCTOBRE

8 h 36 18 h 32

St Jude, St Simon

Deux petits pois discutent :

– T'étais où hier soir ?

– J'étais en boîte !

29
OCTOBRE

8 h 37 18 h 30

St Narcisse

Une femme est en train de lire son horoscope, quand brusquement, elle s'écrie :

– Oh, que c'est bête !

– Quoi ? Que se passe-t-il ?

– Eh bien, écoute : si tu étais né juste deux jours plus tard, tu serais intelligent, tendre et spirituel !

30

OCTOBRE

8 h 39 18 h 29

Ste Bienvenue

Que dit un informaticien quand il s'énerve ?

31
OCTOBRE

☀ 8 h 40 ☀ 18 h 27

Halloween • St Quentin

Réponse :

Ça fichier !

Un jeune homme raconte sa soirée à un copain :

– Hier soir, je me suis dit :

« Jean-Luc, tu ne boiras pas une goutte d'alcool ! »

Heureusement, je ne m'appelle pas Jean-Luc.

1er NOVEMBRE

7 h 42 17 h 25

Toussaint

C'est l'histoire du ptit déj, tu la connais ?

2
NOVEMBRE
7 h 44 17 h 24
Défunts

Réponse :
Pas de bol.

Comment s'appelle l'inventeur de la cédille ?

3
NOVEMBRE

7 h 45 17 h 22

St Hubert

Réponse :
Émile Groçon.

« On appelle voiture d'occasion une voiture dont toutes les pièces font du bruit sauf le klaxon. »

(Pierre Dac)

4

NOVEMBRE

7 h 47 — 17 h 21

St Charles

C'est l'histoire
d'un pingouin qui respire par les fesses.
Un jour il s'assoit, et il meurt.

5
NOVEMBRE

7 h 48 17 h 19

Ste Sylvie

Quel est le comble pour une souris ?

6
NOVEMBRE
☀ 7 h 50 ☀ 17 h 18
St Léonard

Réponse :

Avoir un chat dans la gorge.

Que dit un rappeur quand il rentre dans une fromagerie ?

7

NOVEMBRE

7 h 52 17 h 16

Ste Karine

Réponse :

Faites du brie !

Deux vaches discutent :

– Ça ne te fait pas peur toi,
ces histoires de « vache folle » ?

– Moi, j'm'en fous :
j'suis un lapin !

8

NOVEMBRE

7 h 53 17 h 15

St Geoffroy

Monsieur et madame Ourkessa ont une fille. Comment s'appelle-t-elle ?

9
NOVEMBRE

7 h 55 · 17 h 13

St Théodore

Réponse :

Cécile (C’est si lourd que ça ?)

Comment savoir
que votre mari
est mort ?

10

NOVEMBRE

7 h 56 17 h 12

St Léon

Réponse :

Vous avez accès à la télécommande.

Une maman demande à sa fille :

– S'il te plaît, viens m'aider à changer ton petit frère.

– Pourquoi, il est déjà usé ?

11

NOVEMBRE

☀ 7 h 58 ☀ 17 h 11

Armistice 1918

Le fiston rentre à la maison après
sa première journée à l'école.
Sa maman lui dit :
– Alors chéri, tu as appris beaucoup
de choses aujourd'hui ?
– Pas assez, je crois :
ils veulent que j'y retourne demain…

12
NOVEMBRE
8 h 00 17 h 09
St Christian

Un couple marche et tombe soudainement sur un puits.
La femme se penche au-dessus,
fait un souhait et jette une pièce.
Le mari se penche à son tour, mais trop,
et tombe au fond du puits.
La femme est abasourdie quelques secondes,
puis murmure :

– Ça alors… Ça marche vraiment !

13
NOVEMBRE

8 h 01 17 h 08

St Brice

Quelle est la différence entre un lapin et une bouteille en plastique ?

14
NOVEMBRE

☀ 8 h 03 ☀ 17 h 07

St Sidoine

Réponse :

Ils sont tous les deux en plastique, sauf le lapin.

Monsieur et Madame Fraichi ont deux filles et un garçon. Comment s'appellent-ils ?

15
NOVEMBRE
8 h 04 17 h 05
St Albert

Réponse :

Laurent, Gina, Sara

(L'Orangina, ça rafraîchit)

Une ado discute avec un homme :

– Vous faites quoi comme métier ?

– Je suis gardien d'immeuble ?

– Mais c'est trop nul comme métier.

Genre, l'immeuble il va s'échapper…

16

NOVEMBRE

8 h 06 17 h 04

Ste Marguerite

Que fait un cendrier
devant un ascenseur ?

17
NOVEMBRE
8 h 07 17 h 03
Ste Élisabeth

Réponse :
Il veut des cendres.

Pourquoi les moutons aiment-ils le chewing-gum ?

18
NOVEMBRE

8 h 09 17 h 02

Ste Aude

Réponse :

Parce que c'est bon pour la laine.

C'est l'histoire d'un type
qui rentre dans un café...
Plouf...

19
NOVEMBRE

8 h 10 17 h 01

St Tanguy

Pourquoi les chercheurs ont-ils des trous de mémoire ?

20

NOVEMBRE

8 h 12 17 h 00

St Edmond

Réponse :

Parce qu'ils se creusent la tête.

Un monsieur veut acheter
deux places pour aller au théâtre.
– C'est pour Roméo et Juliette ?
lui demande la caissière.
– Non, c'est pour ma femme et moi.

21
NOVEMBRE
☀ 8 h 13 ☀ 16 h 59
Présentation de la Vierge Marie

Prenez un fruit exotique,
genre kiwi, et une vache.
Vous mettez l'un sur l'autre.
Ça fait la vache kiwi...

22
NOVEMBRE

8 h 15 16 h 58

Ste Cécile

De quel côté un chat a-t-il le plus de poil ?

23
NOVEMBRE

8 h 16 16 h 57

St Clément

Réponse :
À l'extérieur.

Un jour,
Dieu demanda au Coca de coller.
Et le Coca colla.

24
NOVEMBRE

8 h 18 16 h 56

Ste Flora

« Selon les statistiques,
il y a une personne sur cinq qui est déséquilibrée.
S'il y a quatre personnes autour de toi et qu'elles
te semblent normales, c'est pas bon. »

(Jean-Claude Van Damme)

25
NOVEMBRE
8 h 19 16 h 56
Ste Catherine

Dans un restaurant, un client appelle le serveur :

– Je pourrais savoir ce que fait cette mouche dans ma glace ?

– Je présume qu'elle aime les sports d'hiver, monsieur.

26
NOVEMBRE

8 h 21 16 h 55

Ste Delphine

Une femme regarde son mari bricoler.

– Tu vois, chéri, ton marteau, il me rappelle la foudre !

– Tu veux dire qu'il est aussi rapide que l'éclair ?

– Non, c'est plutôt qu'il ne frappe jamais deux fois au même endroit.

Pourquoi les pêcheurs ne sont-ils jamais gros ?

28 NOVEMBRE

8 h 23 16 h 53

St Jacques de la Marche

Réponse :

Parce qu'ils surveillent leur ligne.

Tu connais la blague
de la chaise ?

29
NOVEMBRE
8 h 25 16 h 53
St Saturnin

Réponse :
Elle est tellement longue.

Qu'est-ce qui est transparent et qui court dans un champ ?

30

NOVEMBRE

8 h 26 16 h 52

St André

Réponse :

Un troupeau de vitres.

Monsieur et madame Feeling ont une fille. Comment s'appelle-t-elle ?

1er
DÉCEMBRE

8 h 26 — 16 h 52

Ste Florence, St Éloi

Réponse :
Agathe (I got a feeling).

Un homme entre chez le boucher et achète
1 kilo de bœuf haché. Le boucher lui dit :
– Vous n'allez pas manger ça tout seul !
L'homme lui répond :
– Vous avez raison.
Donnez-moi des patates avec.

2
DÉCEMBRE
8 h 28 16 h 51
Ste Viviane

Il ne faut jamais juger les gens sur leurs fréquentations :
Judas, par exemple, avait des amis irréprochables...

3
DÉCEMBRE
8 h 29 16 h 51
St François-Xavier

Le gamin est tout content, et très fier de lui :
– J'ai battu tous les records !
J'ai terminé ce puzzle en une heure,
alors que sur la boîte, c'est écrit qu'on met
de 2 à 4 ans !

4
DÉCEMBRE
8 h 30 16 h 51
Ste Barbara, Ste Barbe

Quel est le comble
d'un couvreur ?

5
DÉCEMBRE
8 h 31 16 h 50
St Gérald

Réponse :

C'est d'être fan de toi.

Qu’est-ce qui peut
faire le tour du monde
en restant toujours
dans son coin ?

6
DÉCEMBRE

8 h 32 16 h 50

St Nicolas

Réponse :
Un timbre.

La discussion se passe pendant la guerre froide.

Deux Américains discutent :

– T'as entendu ? Les Russes sont allés sur la Lune !

Et l'autre, plein d'espoir :

– Tous ?

7

DÉCEMBRE

8 h 33 16 h 50

St Ambroise

Un patient se fait examiner par le dentiste.
– Ça m'a l'air bien, tout ça. Pas de caries, rien.
J'ai noté que vous avez beaucoup de dents en or…
– Justement… Vous pourriez m'installer une alarme ?

8
DÉCEMBRE
8 h 35 16 h 49
Immaculée Conception

Comment les abeilles communiquent-elles entre elles ?

9

DÉCEMBRE

☀ 8 h 36 ☀ 16 h 49

St Pierre Fourier

Réponse :
Par e-miel.

Quelle est
la signification
de 100 HO7 + LHO + L100 ?

10
DÉCEMBRE

3 h 37 16 h 49

Ste Eulalie

Réponse :

Sens ta chaussette,
plus elle a chaud, plus elle sent...

La clôture entre l'enfer et le paradis est brisée.
saint Pierre va voir Satan et lui dit :
– Comme convenu dans notre contrat,
nous devons payer chacun de notre côté, 50-50.
– Eh, saint Pierre ! Tu peux te brosser !
Alors saint Pierre lui répond :
– Puisque c'est comme ça, je vais aller chercher un avocat.
Satan éclate de rire :
– Et où vas-tu en trouver un ? Ils sont tous chez moi !

11
DÉCEMBRE
8 h 38 16 h 49
St Arthur, St Daniel

Monsieur et Madame Oukoi ont deux fils. Comment s'appellent-ils ?

12

DÉCEMBRE

8 h 38 16 h 49

St Corentin

Réponse :

Ted et Bill

(T'es débile ou quoi ?)

Que fait une baleine lorsqu'on la chatouille ?
Elle dit : « **C'est assez ! J'ai le dos fin !** »
Et elle se cache à l'eau…

13
DÉCEMBRE

8 h 39 16 h 49

Ste Lucie

À une exposition de peintures, un cadre est totalement vide.
L'artiste est à côté. Un visiteur lui demande :
– Qu'est-ce que cela représente ?
– Des vaches dans un pré.
– Mais, je ne comprends pas, on ne voit pas de pré.
– Bien sûr, les vaches ont mangé toute l'herbe.
– Et les vaches ? On ne les voit pas non plus ?
– Vous ne croyez tout de même pas qu'elles vont rester dans un pré où il n'y a plus d'herbe ?

14
DÉCEMBRE
8 h 40 16 h 49
Ste Odile

Qu'est-ce qu'une carotte
dans une flaque d'eau ?

15
DÉCEMBRE
8 h 41 16 h 50
Ste Ninon

Réponse :

Un bonhomme de neige en été.

Comment distingue-t-on une fourchette d'un écureuil ?

16
DÉCEMBRE
8 h 42 16 h 50
Ste Alice

Réponse :

On met les deux en bas d'un arbre,
celui qui monte est l'écureuil.

Un professeur de géographie montre à ses élèves une mappemonde.

Il explique la latitude, longitude, degrés et minutes, puis demande à un élève :

– Si je vous donne rendez-vous pour déjeuner à 23 degrés, 4 minutes de latitude Nord, 15 degrés 18 minutes de longitude Est, où suis-je ?

Visiblement embarrassé, l'élève répond :

– Je crois que vous allez déjeuner tout seul.

17

DÉCEMBRE

8 h 43 16 h 50

St Gaël

Trois jeunes ingénieurs discutent à la terrasse d'un café pour savoir quel type d'ingénieur est Dieu pour avoir fait ainsi l'homme.

L'ingénieur en mécanique :

– Écoutez, il ne peut être qu'ingénieur en mécanique pour avoir créé autant de pivots et de leviers.

L'ingénieur en électricité :

– Comment peut-il être autre chose qu'électricien avec un réseau aussi complexe que le système nerveux ?

L'ingénieur civil :

– Euh… **qui à votre avis aurait eu l'idée de faire passer les eaux usées en plein milieu de l'aire de jeux ?**

18

DÉCEMBRE

8 h 43 16 h 50

St Gatien

Quel est le comble de la vengeance ?

19

DÉCEMBRE

8 h 44 16 h 51

St Urbain

Réponse :

Mettre du poil à gratter à un moustique.

Louis et Claire sont deux amoureux qui,
un beau jour, décident de rompre.
Deux catastrophes se produisent alors :
Claire est sourde depuis qu'elle a perdu Louis.
Louis est aveugle depuis qu'il ne voit plus Claire.

20
DÉCEMBRE

8 h 44 16 h 51

St Isaac

Une fille raconte sa soirée à une copine :
– Rhâ, j'étais tellement bourrée que j'ai pris un bus pour rentrer.
C'était la première fois que j'en conduisais un.

21
DÉCEMBRE
8 h 45 16 h 52
Hiver • St Pierre Canisius

– Dis, papa, quel travail il faisait Joseph ?

– Il était charpentier.

– Et Marie, elle travaillait ?

– Non, elle s'occupait du petit Jésus.

– Alors, pourquoi le petit Jésus, il était à la crèche ?

22

DÉCEMBRE

8 h 45 16 h 52

Ste Françoise-Xavière

C'est un enfant qui écrit au petit Jésus pour ses cadeaux de Noël :
« Petit Jésus, pour Noël, je veux un train électrique,
et je te promets d'être sage pendant un mois. »
Mais un mois, c'est long quand même. Il efface...
« Petit Jésus, pour Noël, je veux un train
électrique et je rangerai ma chambre. »
Mais il vérifie, et elle est quand même bien en bazar...
Alors, il descend au salon prend une statuette de la Vierge,
la cache sous son oreiller et reprend son écriture...
« Petit Jésus, si tu veux revoir ta mère... »

23
DÉCEMBRE

8 h 46 · 16 h 53

St Armand

– Oh, Léon… Ton prénom,
à l’envers, ça fait « Noël » !

– Oui, c’est vrai, tout le monde
n’a pas cette chance,
mon cher Luc.

24
DÉCEMBRE

8 h 46 16 h 53

Ste Adèle

Monsieur et madame Enfant ont deux filles. Comment s'appellent-elles ?

25

DÉCEMBRE

8 h 47 16 h 54

Noël

Réponse :

Hélène et Ludivine

(Il est né le divin enfant)

Un enfant demande à sa mère :

– Maman, qui est mon père ?

– Le Père Noël.

– Comment ça ?

– Bah, il est venu la nuit, il m'a fait un cadeau, et on ne l'a plus jamais revu.

26
DÉCEMBRE

8 h 47 16 h 55

St Étienne

Un homme emménage dans un immeuble dont tous les appartements sont identiques. Il décide de refaire le sien, et demande à son voisin combien de rouleaux de papier peint il avait utilisé pour tapisser chez lui.

– Je me souviens très bien : dix-sept !

L'homme achète donc dix-sept rouleaux de papier et commence son travail. À sa grande surprise, il constate qu'à la fin, il lui reste cinq rouleaux. Surpris, il interroge son voisin :

– C'est incroyable, il me reste cinq rouleaux.

– Ah, vous aussi ?!

27

DÉCEMBRE

8 h 47 16 h 56

St Jean

« D'après une étude américaine,
20 % des habitants de notre planète parlent anglais.
Les 80 % restants n'ont pas compris la question. »

(Jean Yanne)

28

DÉCEMBRE

8 h 47 · 16 h 56

Sts Innocents

Quel est le comble
pour un boulanger ?

29
DÉCEMBRE

8 h 47 16 h 57

St David

Réponse :

D'avoir du pain sur la planche.

Fin décembre, une dinde rencontre
une autre dinde et lui dit :
**– Cette fois-ci, je crois bien
qu'on est marron...**

30
DÉCEMBRE

8 h 48 16 h 58

St Roger

Une femme va voir son médecin et lui dit :
– Quand j'ai mangé des huîtres, pendant les fêtes, je n'arrivais pas à les digérer.
– Vous êtes sûre qu'elles étaient fraîches ? Rien de suspect quand vous avez ouvert les coquilles ?
– Ah ?! Parce qu'il faut les ouvrir ?

31
DÉCEMBRE
8 h 48 16 h 59
St Sylvestre